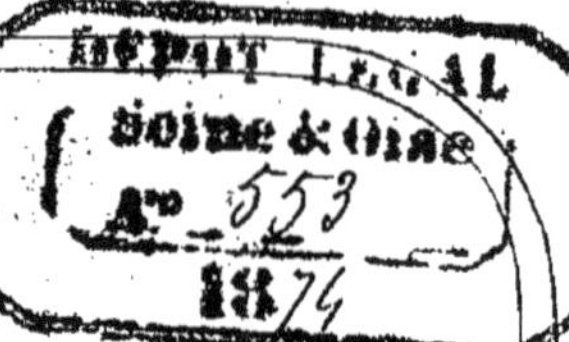


LES

# CLIMATS

## DU MIDI DE LA FRANCE

ÉTUDE COMPARATIVE AVEC LES CLIMATS D'ITALIE
D'ÉGYPTE ET DE MADÈRE

PAR

LE DOCTEUR PROSPER DE PIETRA SANTA
INSPECTEUR DES EAUX MINÉRALES DU DÉPARTEMENT DE LA SEINE

AVEC APPENDICE
RENSEIGNEMENTS ET CONSEILS AUX VALÉTUDINAIRES

**Ajaccio — Alger — Arcachon
Cannes — Hyères — Monaco — Menton
Nice — Pau, etc.**

PARIS
LIBRAIRIE HACHETTE ET Cie
BOULEVARD SAINT-GERMAIN, 79

1874

LES

# CLIMATS

## DU MIDI DE LA FRANCE

## OUVRAGES DU MÊME AUTEUR

---

1° Influence des pays chauds sur la marche de la tuberculisation. Paris, 1857.

2° De la médication lacto-chlorurée dans les affections de poitrine. Paris, 1860.

3° Du climat d'Alger. Rapport à Son Excellence le ministre de l'Algérie et des Colonies. 2e édition. Paris, 1860.

4° Les climats du midi de la France. 1er rapport à Son Excellence le ministre d'État. Paris, 1862.

5° Les Eaux-Bonnes. Paris, 1862.

6° La Corse et la station d'Ajaccio. 2e rapport à Son Excellence le ministre d'État. Paris, 1864.

7° Essai de climatologie théorique et pratique. Paris, 1865.

8° Chemins de fer et santé publique. 2e édition. Paris, 1874.

Corbeil. — Typ. et stér. de Crété fils.

# LES CLIMATS DU MIDI DE LA FRANCE

ÉTUDE COMPARATIVE AVEC LES CLIMATS D'ITALIE
D'ÉGYPTE ET DE MADÈRE



PAR

LE DOCTEUR PROSPER DE PIETRA SANTA

AVEC APPENDICE

RENSEIGNEMENTS ET CONSEILS AUX VALÉTUDINAIRES

Ajaccio — Alger — Arcachon
Cannes — Hyères — Monaco — Menton
Nice — Pau, etc.

PARIS
LIBRAIRIE HACHETTE ET Cie
BOULEVARD SAINT-GERMAIN, 79

1874

# AVANT-PROPOS

Pour obéir aux instances de quelques amis bienveillants, je livre à la publicité les deux conférences que j'ai faites dans la salle du boulevard des Capucines (28 février et 12 mars) sur :

LES CLIMATS DU MIDI DE LA FRANCE

ÉTUDE COMPARATIVE AVEC LES CLIMATS DE L'ITALIE, DE L'ÉGYPTE ET DE MADÈRE.

Je prie les lecteurs qui trouveraient par trop incomplète cette exposition (à laquelle j'ai conservé, d'une manière absolue, ses allures et sa physionomie première) de tenir compte des obligations qu'impose au conférencier ce mode de vulgarisation des idées.

Dans un espace de temps très-restreint, il faut envisager, sous toutes leurs faces, d'importants problèmes scientifiques, et maintenir constamment éveillés l'attention et l'intérêt d'un auditoire où domine l'élément des gens du monde.

Les valétudinaires qui désireraient de plus

amples détails sur les diverses stations hivernales consulteront, avec profit, les volumes spéciaux des docteurs Barth et Lee (Hyères); Sèves et Buttura (Cannes); Farina et Bennet (Menton); Lubanski et Macario (Nice); Taylor (Pau); Mittchell (Alger); Hameau (Arcachon); Carrière (Italie); Reyer et Pruner-bey (Égypte); Gigot-Suard et Barral (Madère). Je les résume d'ailleurs dans un chapitre appendice : *Renseignements et Conseils aux valétudinaires.*

Les personnes qui voudraient approfondir davantage les idées et les principes climatologiques que je préconise depuis près de 20 ans, trouveront ces éléments d'étude dans mes publications antérieures : *Influence des pays chauds sur la marche de la tuberculisation; — Climat d'Alger; — Climats du midi de la France; — Climat d'Ajaccio; — Essai de climatologie théorique et pratique.*

D[r] DE PIETRA SANTA,

173, boulevard Haussmann.

Paris, avril 1874.

# CONFÉRENCE DU 28 JANVIER

Mesdames et Messieurs,

Votre présence dans cette enceinte me paraissant une garantie certaine de la bienveillante attention qui m'est indispensable, permettez-moi d'aborder sans préambule le sujet de la conférence de ce jour : « L'influence bienfaisante des climats du midi de la France sur la santé et la maladie. » Nous viserons plus particulièrement les névroses et les affections chroniques des voies respiratoires.

Dans l'étude des problèmes scientifiques, les moyens les plus sûrs d'atteindre le but sont d'abord : d'en bien établir les limites, en définissant avec précision leurs divers éléments ; c'est, en second lieu, de procéder du simple au composé ; des notions connues et admises par tous, aux notions douteuses et controversées.

Par l'analyse, on établit les caractères des faits dans leur individualité et leur raison d'être ; par la synthèse, en les généralisant, on s'élève jusqu'aux principes qui en résultent, jusqu'aux applications qu'ils engendrent et qu'ils fécondent.

De cette manière l'esprit voit devant lui la grande route avec l'air et l'espace ; de cette manière aussi, l'intelligence ne craint pas de s'égarer dans des chemins de traverse toujours incertains et difficultueux.

Quelle est la signification véritable du mot *climat?*

Comment devons-nous définir la *climatologie?*

En grec le mot κλίμα signifié région; les anciens astronomes, désignant ainsi l'espace compris entre deux cercles parallèles à l'équateur terrestre, avaient divisé la terre en 30 climats de largeur inégale calculés d'après la longueur des jours comparée à celle des nuits (24 de l'équateur aux cercles polaires dits de demi-heure; 6 des cercles polaires aux pôles (de 1 mois). Vous savez tous qu'à l'équateur les jours et les nuits sont de 12 heures, aux pôles l'on a 6 mois de jour et 6 mois de nuit.

Le mot climat emportait de la sorte une idée d'uniformité, ou tout au moins de similitude de conditions.

Les auteurs modernes ont substitué à la considération, pour ainsi dire brute, des lignes ou parallèles, une idée formant la résultante de toutes les notions acquises sur le phénomène le plus caractéristique, à savoir, l'état thermique d'un lieu, autrement dit sa température, son degré de chaleur.

Pour les météorologistes, le climat représente l'ensemble des conditions physiques qui résultent pour les différentes régions du globe de leur situation respective à la surface de la terre, et qui sont de nature à exercer une influence spéciale sur les êtres organisés. Ne perdez pas de vue, Messieurs, ce fait capital : toutes ces recherches, toutes ces investigations sont poursuivies en vue de leurs rapports avec l'organisme humain.

L'objectif constant, c'est le bien-être de l'homme. Ayons donc toujours présente à l'esprit cette belle pensée du grand philosophe Leibnitz que nous aurions pu prendre pour épigraphe :

« Il n'y a que deux choses qui devraient nous occuper ici-bas, c'est la vertu et la santé. »

Revenons à des définitions plus précises du climat.

Pour Alexandre de Humboldt, le créateur des lignes isothermes, ou lignes d'égale température moyenne de l'année, l'expression de climat désigne, dans son sens le plus général, toute variation de l'atmosphère qui affecte sensiblement nos organes : il énumère ainsi successivement la température, l'humidité, la pesanteur de l'air, ses mouvements diurnes, sa pureté, son état électrique.

Les savants illustres qui, dès le commencement du siècle, ont donné à ces études une impulsion vivifiante, Zimmermann, de Saussure, Clark, François Arago, les docteurs Carrière et Foissac, ont adopté des définitions à peu près analogues, où figuraient toujours les trois éléments primordiaux, signalés par Hippocrate, dans son immortel traité τόπων, ἀέρων, ὕδρων, à savoir :

Le sol dans les différences de sa constitution ; les eaux dans les conditions de leur nature diverse; l'air dans les modifications incessantes qu'il subit.

En tenant compte des faits nouveaux que nous ont révélés les études récentes sur les épidémies, les constitutions médicales et la statistique, j'ai proposé une définition plus complète que j'ai eu la satisfaction de voir adopter (quoique sans nom d'auteur) dans des publications postérieures à mon *Essai de climatologie.* « Il faut entendre par le climat d'Hippocrate l'influence positive que l'air, les eaux et les lieux exercent sur l'homme en tant qu'individu, et sur les hommes réunis en grande masse, et habitant un point circonscrit et déterminé du globe. »

Partant de là, au lieu de considérer avec Bérigny et Hœghens la climatologie comme l'une des principales branches de la météorologie, « étude à laquelle, disent-ils, se rattachent des travaux dont les perfectionnements exercent une puissante influence sur le bien-être de l'humanité, » nous regarderons la climatologie comme cette partie des sciences naturelles, qui s'occupe des climats, en ajoutant que, pour atteindre ce but, elle s'appuie successivement sur la physique du globe, la géographie, la géologie, l'hydrologie (eaux minérales), la météorologie, l'épidémiologie et la statistique.

Nous venons de voir que le principal élément, celui qui domine tous les autres dans la constatation des climats, c'est la température. Ses variations ayant une influence déterminante sur tous les autres phénomènes météorologiques, dès les temps les plus reculés, les astronomes ont divisé le globe terrestre en cinq régions :

La zone tropicale, s'étendant de l'Équateur aux tropiques du Cancer et du Capricorne ;

Les deux zones tempérées, qui vont de ces tropiques aux cercles polaires ;

Les deux zones glaciales, comprises entre les cercles polaires et les pôles.

De là cette distinction, d'observation séculaire,

des climats, en climats chauds, climats froids et climats tempérés.

Les climats chauds s'étendent entre les tropiques, et depuis les tropiques jusqu'aux 30° et 35° de latitude australe et boréale.

L'année tropicale se caractérise par la permanence et l'intensité de la chaleur.

(La moyenne annuelle oscille entre 27° et 29°, l'été étant de 32° et l'hiver de 17°.)

De cette influence souveraine, dit Michel Lévy dans son remarquable Traité d'hygiène, « l'homme, réactif à double face, en témoigne par sa modalité fonctionnelle, et par ses manifestations pathologiques. »

Les climats froids s'étendent des 55e degrés de latitude vers les pôles.

La température moyenne de l'hiver est de — 30° pour Fuster dans la première partie, de — 57° pour Scoresby, dans la deuxième.

Leur caractère général est déterminé par la durée et l'intensité de l'hiver.

La nature exprime par les qualités de ses produits la puissance du froid permanent.

Les espèces animales ne présentent ni stature imposante ni éclat de pelage, enfin l'homme est puissamment modifié dans sa constitution physique.

Les climats tempérés règnent entre les 30e et 55e degrés de latitude australe et boréale ; l'Europe tout entière avec ses îles en fait partie.

Voici les traits généraux de la zone tempérée.

1° Les saisons de l'année sont tranchées ; le froid et la chaleur s'alternent annuellement, mais n'arrivent d'ordinaire à leur apogée que par une gradation intermédiaire.

La température moyenne de l'hiver est de 3°, celle de l'été de 19°.

2° Quoique distinctes, les saisons sont d'une grande variabilité.

3° Les oscillations de température ne manquent ni de fréquence ni d'amplitude, et les mutations de l'atmosphère font éprouver à l'organisme les modifications les plus accentuées.

4° La variabilité et le tumulte des phénomènes météorologiques correspondent aux saisons intermédiaires, c'est-à-dire à l'époque des équinoxes.

Il résulte de là, que la zone tempérée imprime aux produits du règne animal et aux végétaux un caractère général de puissance et de stabilité qui se diversifie successivement sous l'empire des climats particuliers qu'elle renferme.

Pour ce qui concerne spécialement l'Europe, le professeur Kaemtz établit 2 grandes divisions : la première comprend les régions qui avoisinent des masses d'eau considérables ; celles qui se terminent par des côtes maritimes ; celles enfin qui sont baignées par de larges rivières.

Ces régions jouissent d'une température relativement très-uniforme, et ces climats sont dits *insulaires*, *littoraux*, *maritimes* ou *égaux*.

La deuxième catégorie des contrées européennes se distingue au contraire par des mutations brusques, fréquentes, considérables dans les qualités de leur atmosphère, ce sont les climats que Buffon appelait *continentaux* ou *excessifs*.

Dans ces dernières années, en considérant les climats tempérés de l'Europe, au point de vue de leur température absolue, des météorologistes très-autorisés ont proposé les dénominations de climats froids ou océaniques ; de climats chauds ou méditerranéens.

Faisons un pas de plus en avant, et arrivons à cette partie de l'Europe qui constitue notre beau pays de France.

La France a l'immense avantage de réunir toutes ces variétés de climats dont les types existent dans les pays voisins, et, disons-le hautement, c'est la cause la plus réelle de sa richesse, c'est le secret de sa puissance.

Le docteur Martins (de Montpellier), d'après des documents recueillis avec le plus grand soin, distingue en France cinq régions climatoriales :

1° Le climat vosgien ou du Nord-Est (circonscrit par la chaîne des Vosges) ;

2° Le climat séquanien ou du Nord-Ouest, traversé par la Seine, *Sequana ;*

3° Le climat girondin ou du Sud-Ouest, compris entre la Gironde et les Pyrénées ;

4° Le climat rhodanien ou du Sud-Est, des deux côtés du Rhône, *Rhodanus ;*

5° Le climat méditerranéen ou provençal.

Des deux premiers, le vosgien et le séquanien offrent le type des climats assez froids ; l'un est continental comme celui de l'Allemagne ; l'autre marin comme celui de l'Angleterre.

Les deux climats suivants, le girondin et le rhodanien, présentent la même différence (de marin et de continental), mais ils sont beaucoup plus tempérés.

Le dernier climat, provençal, de tous le plus nettement tranché et le plus chaud, possède une température moyenne annuelle de 15°, celle de l'été ne descendant jamais au-dessous de 20° du thermomètre centigrade.

Commençant à Pont-Saint-Esprit sur le Rhône, il est abrité des vents du Nord par la chaîne des Cévennes, et par une ligne sinueuse de montagnes qui, dans les Basses-Alpes, circonscrit la région des oliviers, en passant par Orange, Nyons et Sisteron.

Je vous demande pardon d'avoir insisté, aussi longtemps, sur cette première partie de notre conférence, mais ces détails m'ont paru indispensables pour vous familiariser avec ces recherches et vous en faire mieux apprécier toute la valeur.

Il n'est donc plus permis aujourd'hui de mettre en doute l'importance toujours croissante des études climatologiques, car les esprits les plus prévenus contre les difficultés qu'elles présentent reconnaissent l'utilité de leur intervention dans la plupart des affections lentes de l'organisme.

Les auteurs, et ils sont nombreux, qui se sont engagés dans cette voie, sont unanimes pour reconnaître que les modifications apportées par l'influence des climats sont aussi salutaires que celles que nous demandons aux ressources incontestées de la thérapeutique, aux règles bien entendues de la prophylaxie.

Ces deux circonstances caractérisent la médecine de nos jours. Il ne s'agit plus de dogmes, de théories, de principes plus ou moins abstraits ; nous sommes actuellement en présence d'une idée féconde, d'autant plus incontestable qu'elle date des premiers jours de la civilisation.

Elle s'est manifestée dans la pratique avant de trouver des lois et une formule scientifiques ; l'hygiène s'est d'abord révélée par ses heureux résultats.

Si prévenir le mal vaut mieux que le guérir, c'est vers ce noble but que doivent tendre nos efforts ; et du moment où l'observation de plusieurs siècles nous démontre que la maladie s'amende difficilement dans les milieux où elle a pris naissance, il importe de préconiser avant tout le changement d'air, l'émigration.

Notre très-sympathique historien Michelet, dans cette brillante page qu'il a intitulée : *la Mer*, exprime d'une manière poétique cette aspiration de la thérapeutique moderne quand il s'écrie : « La Jouvence de l'avenir se trouve dans ces deux choses : une science de l'émigration, un art de l'acclimatation. »

L'émigration, c'est-à-dire le déplacement, le voyage vers le soleil, aux rives salutaires de la Méditerranée.

L'acclimatation, c'est-à-dire la mise en harmonie de l'organisation humaine avec les influences extérieures, en vue de son développement le plus complet et le plus régulier.

De leur côté les savants auteurs de l'*Annuaire météorologique* affirment que : « Le jour où l'hygiène sera assez avancée pour indiquer à chacun le pays qu'il doit préférer, la puissance de la médecine sera pour ainsi dire doublée. »

Voyons maintenant quelles sont dans les climats tempérés de l'Europe, et plus particulièrement dans les zones climatoriales de la France, les caractéristiques essentielles de l'air que l'on respire aux bords de la mer, et de l'air que l'on respire dans l'intérieur des terres, en s'élevant vers les collines et les montagnes de hauteur moyenne.

Les caractéristiques de l'atmosphère maritime sont au nombre de trois :

1° Température plus modérée, plus uniforme de l'atmosphère ambiante ;

2° Pression atmosphérique constamment forte (baromètre à 760 mill.), maintenant, toute chose égale d'ailleurs, un équilibre plus stable dans les fonctions du poumon ;

3° Oscillation du baromètre, du thermomètre et de l'hygromètre se faisant avec les amplitudes les plus minimes.

En recherchant les conditions spéciales de cette même atmosphère maritime, nous constatons :

1° Sa pureté plus considérable.

Elle n'est pas chargée de miasmes ou émanations délétères; elle est constamment renouvelée par les courants qui à heure fixe se produisent sous les noms de brise de mer et de brise de terre.

2° Sa plus grande oxygénation.

A volume égal, sous une pression atmosphérique plus constante, l'air contient une proportion plus élevée d'oxygène, c'est-à-dire de gaz éminemment vital du *pabulum vitæ* de Galien.

3° Son odeur particulière.

Elle est due aux plantes marines qui couvrent le rivage; ces plantes sont chargées de brôme et d'iode, éléments reconnus utiles dans les affections lymphatiques de toutes sortes.

4° Sa composition spéciale.

Elle est imprégnée de sel marin. Ces légers dépôts proviennent des particules d'eau de mer qui, soulevées par le sillage des navires, puis entraînées par les vents, alors que la vague se brise sur les rochers de la rive, se vaporisent insensiblement à la surface des corps extérieurs, en y déposant des cristaux de chlorure de sodium. Ces particules imperceptibles de sel sont transportées quelquefois par la brume à la distance de plusieurs lieues.

Les résultats immédiats de ces conditions pour l'organisme humain sont :

— De développer la vigueur des organes;

— D'augmenter la puissance musculaire ;

— De modifier, et d'harmoniser les circulations centrale et périphérique du sang;

— D'exalter l'activité des facultés intellectuelles.

Ceux de vous qui, en parfaite santé, ont pu, dans un voyage rapide, s'installer, en quittant Paris, sur les rivages de Menton ou de Nice, vous diront qu'ils ont éprouvé au bout de quelques jours des phénomènes de bien-être. Plus tard, sont survenus des phénomènes de surexcitation, causés par l'exhalation de l'air marin, et qui se traduisent par de l'agitation et de l'insomnie.

Ces symptômes, peu graves de leur nature (mais dont il nous importe ici de constater la manifestation), s'amendent promptement lorsqu'on s'interne plus avant dans les terres à quelques kilomètres du rivage.

Ceci nous amène à déterminer les conditions de l'atmosphère des collines et de celle des montagnes.

Pour mettre plus de clarté dans cette exposition, pour la rendre plus saisissante, et pour ménager votre temps, en laissant de côté les points extrêmes, plaçons-nous sur une montagne à la hauteur de 700 mètres au-dessus du niveau de la mer.

A cette altitude, l'air est naturellement plus léger. Les poumons (sous des volumes identiques, et pour des ampleurs thoraciques égales) reçoivent un air qui a perdu un huitième de sa densité et de son poids normaux.

Cet air contient (à volume égal) une proportion moindre d'oxygène.

Il est imprégné d'une quantité plus considérable de vapeur d'eau.

Il renferme beaucoup d'ozone, c'est-à-dire de l'oxygène à un état particulier d'électrisation.

Une atmosphère, ainsi constituée, exerce incontestablement une heureuse influence sur les personnes qui ont besoin, avant tout, d'un certain repos des poumons, et d'une moindre quantité de gaz comburant.

Le caractère essentiel de cette influence est de devenir éminemment sédatif ou calmant.

Cette distinction d'atmosphère maritime, à effets toniques et stimulants, et d'atmosphère des montagnes, à effets calmants et sédatifs, me paraît d'une importance si capitale pour la suite de notre conférence, que je vous demande la permission de mieux vous la faire saisir en relatant très-sommairement des observations médicales, recueillies sur les enfants des deux sexes, à la station thermale des Eaux-Bonnes.

Dans les deux premières semaines de leur arrivée aux Pyrénées, ces jeunes êtres subissent l'influence bienfaisante du changement d'air, de la pureté de l'atmosphère, de l'exercice en plein vent.

Leur activité vitale augmente, et il s'opère dans tout le corps une modification notable. Mais plus tard par le double fait d'une oxygénation constamment imparfaite, d'une sanguification ou hématose journellement appauvrie, les fonctions gastro-intestinales se dérangent, et des symptômes d'anémie et de chlorose précèdent ou suivent des phénomènes d'irritabilité nerveuse.

Pour expliquer ces modalités fonctionnelles, mes savants confrères invoquaient : l'excitation produite sur ces frêles organisations par l'air trop vif des montagnes, mais les circonstances que je viens de rappeler s'opposent à une pareille interprétation. Ces enfants ne deviennent souffreteux que parce qu'ils respirent moins amplement, et qu'ils sont privés d'une certaine quantité d'oxygène, et je trouve un argument péremptoire de l'exactitude de cette conception pathologique, dans l'efficacité du traitement auquel nous les soumettions, les préparations ferrugineuses, les aliments plastiques ou respiratoires, l'huile de foie de morue, les vins de quinquina, etc.

Je résume cette petite digression en reproduisant la même conclusion :

Cet air des montagnes, utile pour le poitrinaire

qui a besoin de respirer le moins possible, et d'introduire dans ses poumons une moindre quantité d'oxygène, devient nuisible à la longue, pour les enfants qui n'absorbent pas le volume de gaz vital indispensable pour une réparation organique complète et normale.

En arrivant au cœur même de la question, je vais être obligé d'invoquer des arguments plus abstraits, et d'employer des expressions purement médicales, mais je m'efforcerai de vous rendre les uns et les autres le plus compréhensibles possible, en ouvrant au fur et à mesure quelques parenthèses.

Au début de ma carrière à l'Université de Pise, ville célèbre depuis longtemps par la douceur de son climat d'hiver, je fus frappé des heureuses modifications, et des guérisons réelles obtenues au milieu de ces caravanes d'êtres souffrants, venus sur les bords riants de l'Arno des points extrêmes de l'Europe, et portant sur eux avec les plus tristes pensées les germes d'une maladie mortelle.

Plus tard dans mes excursions à travers l'Italie, la Suisse, la Belgique et l'Angleterre, je n'ai jamais perdu de vue cet objet spécial de méditations.

En 1859 je suis parti pour l'Afrique, muni des instructions du Comité consultatif d'hygiène à l'effet d'étudier l'influence du climat d'Alger dans les affections chroniques de la poitrine.

J'ai consacré les hivers de 1862, 63 et 64 à parcourir le littoral de la Méditerranée avec un programme de l'Académie de médecine, afin de mieux préciser la raison d'être de ses stations hivernales.

Pendant cette période de dix ans j'ai passé la saison d'été près des sources sulfuro-sodiques des Eaux-Bonnes (Basses-Pyrénées).

L'efficacité, depuis longtemps reconnue, de ces eaux minérales, dans les maladies de poitrine, fait affluer vers la vallée d'Ossau des valétudinaires venant de toutes les parties du monde civilisé, après avoir séjourné à Madère, aux îles Canaries, à Alger, en Égypte, dans les steppes de a Russie méridionale.

On retrouve dès lors sur ce théâtre des éléments nombreux et variés d'observation et de contrôle.

Si je me permets de faire intervenir ainsi ma personnalité, c'est uniquement pour vous signaler les conditions favorables dans lesquelles j'ai commencé et poursuivi ces intéressantes recherches.

Les instructions du Comité d'hygiène, et le programme de l'Académie, très-logiques en théorie, devenaient d'une application difficile dans la pratique.

Les observations météorologiques invoquées jusqu'ici n'ont fourni, et ne pouvaient fournir que des résultats approximatifs, parce qu'il n'y a ni concordance ni unité dans les méthodes et les règles suivies par les observateurs. Les statistiques exactes ne peuvent être obtenues que par des constatations régulières des décès ; et ce service n'est organisé nulle part.

En troisième lieu, il est presque impossible de suivre, dans toutes les phases de leur maladie, ces valétudinaires qui se transportent successivement, de station d'hiver en station thermale, changeant le plus souvent et tour à tour de médication et de médecins !

Si donc la solution scientifique du problème ne peut être que l'œuvre du temps, après l'installation préalable d'observatoires complets, et le fonctionnement de statistiques régulières, il faudra pour le moment :

1° Invoquer l'argument suprême du *consensus omnium*, c'est-à-dire l'opinion, le consentement de tous.

2° Mettre en relief ce grand fait de l'émigration devenant propriétaire, et s'installant à poste fixe dans les localités où elle avait retrouvé la santé et la vie.

3° Profiter enfin des renseignements recueillis auprès des praticiens les plus distingués du pays.

Ces notions ne constituent pas la science, mais elles précèdent et dirigent son évolution et ses progrès.

Que nous enseignent-elles, au sujet des erreurs à combattre, des faits à vulgariser?

En premier lieu, tout en reconnaissant l'excellence des diverses stations du Midi, avec la gamme assez complète qu'elles présentent pour satisfaire à toutes les indications médicales, il est bon de ne pas toujours partager l'enthousiasme des habitants de la contrée.

La préférence que chaque observateur donne au climat qu'il a le mieux étudié constitue la preuve la plus irrécusable de l'efficacité de tous, à la condition de ne pas être employés au hasard et sans discernement.

Les diverses résidences ont donné lieu dans ces dernières années à des classifications, à des groupes.

Les classifications des climats d'hiver fondées sur leurs qualités thérapeutiques par le seul fait de leur température moyenne ne sont sanctionnées ni par l'expérience, ni par l'observation clinique. Purement théoriques, tracées dans le silence du cabinet, elles ne s'accordent pas avec la réalité.

La division par groupes correspondant à deux catégories d'affections, à deux types spéciaux de la maladie me paraît préférable.

La première comprend les stations hivernales tempérées, où l'air est doux, un peu mou, sédatif, chargé d'une certaine humidité (Pise, Madère, Venise et Pau).

La deuxième renferme les principales stations du littoral de la Méditerranée, où l'air est tonique, sec, stimulant (Cannes, Nice, Menton, Ajaccio, Alger).

Tout en admettant la valeur de ces distinctions, et de cette différence essentielle des milieux ambiants, je suis arrivé à reconnaître et à prouver, par une étude attentive des topographies locales, que, dans une même station, il existe des quartiers distincts dont les éléments constitutifs (degré de température, nature du sol, genre de productions, accidents de terrains, anémologie, etc.) se groupent, de manière à former les deux types de climat, dont je viens de parler, types correspondant de même aux deux formes distinctes de nos infirmités.

A Hyères, par exemple, le quartier des Iles-d'Or n'est pas dans les mêmes conditions climatologiques que celui du Château : l'un et l'autre diffèrent des vallons de Costebelle, de Sylvabelle, et de Saint-Pierre des Horts.

La ville de Cannes présente des conditions que l'on chercherait vainement au village voisin du Cannet (ce petit Madère de la France) et *vice versâ*.

Pour vous démontrer, d'une façon plus péremptoire, cette importance des topographies médicales, je vais prendre un exemple encore plus frappant.

Nice, le chef-lieu des Alpes-Maritimes, est assis aux bords d'une plage qui se déploie en forme de conque marine : autour de la ville la plaine s'arrondit en un vaste cirque, puis se relève en molles ondulations et en gracieuses collines, vers les premières bases des Alpes. Ces collines, en s'étageant les unes sur les autres, forment avec les hautes montagnes de la chaîne un véritable paravent contre les brises du nord. Par cette disposition, il y a nécessairement des quartiers exposés au midi sur les bords de la mer, et des quartiers situés dans les accidents de terrain, formés par ces collines, à mesure qu'elles s'éloignent du rivage.

La promenade des Anglais, le boulevard du Midi, les Terrasses, les Ponchettes, font partie des premiers.

Comme ils reçoivent directement la brise de mer et les émanations des plantes marines, le malade y respire l'air sec, tonique, stimulant, qui convient aux personnes débilitées, languissantes, en proie à des sécrétions profuses, aux tempéraments mous et lymphatiques ; aux natures rachitiques et chloro-anémiques.

Il faut chercher les seconds à Carabacel, à Cimiez, au Ray, à Saint-Barthélemy, au Lazaret.

Dans tous ces environs de Nice, vous trouverez facilement des résidences très-propices, des villas (véritables serres chaudes) où l'air est plus mou, plus chaud, plus imprégné d'humidité, plus sédatif, toutes conditions indispensables aux sujets d'un tempérament très-nerveux et très-irritable, aux affections morbides qui offrent des symptômes d'acuité, avec état fébrile, et tendance aux flux de sang ou hémorrhagies.

Sans crainte de me répéter, je résume ce chapitre en constatant que :

Les conditions stimulantes toniques de l'atmosphère ambiante se trouvent à proximité de la mer dans la *zone* que nous appellerons désormais *marine* ou du *littoral ;* que, par contre, les conditions tempérées et sédatives se rencontrent de préférence en s'internant dans les terres, au milieu de la *zone* dite des *collines*.

Il s'agit en ce moment de vous exposer d'une manière sommaire les caractères distinctifs des deux catégories de maladies auxquelles j'ai fait allusion plus haut.

Commençons par les affections des voies respiratoires.

Les altérations pulmonaires peuvent se développer à la suite de dispositions héréditaires, ou se produire successivement à la transformation de l'état aigu en état chronique (fluxion de poitrine, points de côté, se transformant en catarrhes, puis en phthisie ou consomption). Dans les deux hypothèses, selon que ces altérations siégent sur des tempéraments nerveux ou sur des tempéraments lymphatiques, il se manifeste deux formes principales.

La forme *torpide* (de *torpeur*, inaction) greffée sur une constitution lymphatique ou scrofuleuse représente l'alanguissement, la dénutrition ; les impressions y sont obtuses, la force vitale manque pour résister à la naissance du mal et à ses progrès.

La forme *éréthique* (de *éréthisme*, surexcitation) animée par l'élément sub-inflammatoire, avec les réactions de l'élément nerveux, devient plus nuisible dans ses effets, plus rapide dans sa marche, par les sympathies étendues et violentes qu'éveille l'excitation. Dans l'interminable série des affections nerveuses l'on retrouve de même deux types parfaitement distincts :

D'une part, des personnes à système nerveux déprimé, engourdi, frappé pour ainsi dire de stupeur ; de l'autre des sujets à tempérament irritable et surexcité.

Vous concevez, tout d'abord, que le même climat ne puisse être raisonnablement conseillé dans chacune de ces modalités ou manières d'être de la maladie.

Maintenant, que nous apprend l'expérience clinique de tous les jours ?

Après avoir établi que l'action du climat sur l'organisme est lente, directe, permanente, elle démontre que les affections de la première catégorie, les poitrinaires torpides, et les névroses déprimées, ont besoin d'un air sec, vif, tonique, stimulant.

Tandis que les affections de la deuxième catégorie, les poitrinaires éréthiques, et les névroses surexcitées réclament un air tempéré, imprégné d'une certaine humidité, en un mot sédatif.

La conclusion pratique des considérations que je viens de vous présenter, c'est l'impossibilité de répondre *à priori*, comme qui dirait à brûle-pourpoint, à cette demande de tous les jours : quel est le meilleur climat pour une personne atteinte soit de nervosisme, soit de maladie de poitrine ? Pour nous cette réponse ne peut être que le résultat d'un examen préalable et sérieux.

Étant reconnues les distinctions précises des climats, étant admises les formes diverses de la maladie, il est indispensable de coordonner les idées résultant d'une part de l'état pathologique, de l'autre, de la connaissance de la station d'hiver.

De cette façon le médecin adapte parfaitement chaque série de valétudinaires à chacune des zones indiquées plus haut. Au premier travail analytique de son esprit succède une opération de synthèse, une appréciation logique de rapport et de concordance, qui donne à son jugement toutes garanties d'exactitude et de précision.

Si je ne me fais pas illusion, ces développements trop minutieux pour plusieurs d'entre vous, mais nécessaires pour la clarté de cette exposition, me paraissent de nature à justifier la division, que j'ai le premier proposée, des climats du midi de la France, en trois groupes parfaitement distincts.

1° *Zone maritime ou du Littoral* comprenant les stations suivantes :

Hyères (quartiers des Iles-d'Or et du Château) ; Cannes ; Nice (quartiers des Ponchettes, de la Promenade des Anglais, des Terrasses) ; Menton ; Alger (quartier Saint-Eugène) ; Ajaccio (île de Corse).

2° *Zone des collines.*

Hyères (quartier de Costebelle) ; village du Cannet ; Nice (quartiers de Cimiez, Carabacel, du Ray, de Saint-Barthélemy, du Lazaret) ; Alger (quartier de Moustapha supérieur) ; Pau ; Orthez en Béarn.

3° *Zone mixte ou intermédiaire.*

Forêt d'Arcachon ; Montpellier ; Amélie-les-Bains.

Constatons ici avec bonheur que non-seulement la France possède tous les climats désirables, mais encore qu'elle ne doit redouter aucune concurrence étrangère, car si l'on retrouve en Italie, et dans les îles de la Grèce, quelques stations aussi bien situées sous le rapport des conditions atmosphériques, l'on n'en rencontre pas de mieux adaptées sous le rapport des installations matérielles et des ressources intellectuelles.

Du reste, dès les premiers temps de l'histoire de la Gaule, nous voyons les Phocéens préconiser le séjour des côtes de cette Provence qu'ils avaient choisie pour créer à Massilia (Marseille), la plus riche et la plus puissante de toutes leurs colonies.

De son côté Celse, le grand naturaliste, nous apprend que les Romains venaient passer leurs hivers dans la campagne de Nice, et les ruines de Pomponia, aux environs d'Hyères, offrent encore les traces de leurs splendides établissements balnéaires.

Après avoir démontré l'utilité de l'émigration, et la nécessité de procéder à un choix intelligent et raisonné de la zone climatoriale, il ne me reste plus qu'à vous faire connaître le moment où doit s'effectuer le voyage, en indiquant les précautions à prendre par les valétudinaires.

L'accord le plus parfait règne parmi tous les observateurs anciens et modernes relativement à l'obligation de se rendre dans les villes d'hiver aux débuts de la maladie.

C'est principalement lorsqu'il s'agit d'une phthisie pulmonaire que l'influence curative des séjours du Midi se manifeste, en conjurant les prédispositions, en combattant les premiers phénomènes morbides.

Lorsque l'affection pulmonaire a déjà parcouru les premiers degrés de son évolution, lorsque les symptômes de désorganisation locale coïncident avec l'existence de symptômes généraux, en un mot, lorsque par le retentissement du mal dans tout l'organisme, la diathèse tuberculeuse est indéniable, il faut se garder de conseiller l'émigration.

L'homme de l'art aurait bientôt à se repentir d'avoir enlevé son malade aux soins et aux affections de la famille, et l'on constaterait avec douleur une marche plus rapide dans les phénomènes de désorganisation, préludes d'une fin prochaine.

Ces appréhensions sont corroborées de la manière la plus évidente, par les études des médecins de la marine et de l'armée qui ont exercé dans les pays chauds.

Si, de temps immémorial, l'on a constaté dans

ces contrées des transitions brusques de température au lever de l'aurore et au coucher du soleil, de tout temps aussi l'on a reconnu que la période de la journée comprise entre dix heures du matin et trois heures de l'après-midi, présentait une certaine régularité, et une constance bien marquée de température.

En raison de l'importance de ces conditions, il faut renfermer, entre ceslimites de neuf heures et trois heures, ce que j'appelle la *journée médicale*, celle qui doit être consacrée à l'exercice et aux distractions.

D'après quelques relevés thermométriques dans les diverses stations du Midi, la température moyenne de cette partie du jour ne varierait que de quelques dixièmes de degré.

Je parle, bien entendu, des belles journées qui sont la règle ; car pendant les jours exceptionnels de pluie, de neige ou de vent, le seul conseil que l'on doive donner aux valétudinaires, c'est de ne pas quitter leur appartement.

Une précaution que je ne saurais trop recommander aux personnes qui se rendent dans le Midi, c'est de consulter, dès leur arrivée, le médecin sur le choix de leur habitation. Cette intervention immédiate est aussi utile pour mettre en jeu les influences morales que pour aider les efforts de la nature, quoique, au dire de Montaigne, elle soit armée de dents et de griffes pour chasser la maladie.

Dans sa *Geneviève* notre illustre poëte de Lamartine conseille à l'homme de l'art de mettre plus de cœur encore que de science dans sa pratique : Il veut qu'il soit bon, parce que « la bonté est plus de la moitié de son génie. » Il veut qu'il soutienne sans cesse le moral du malade, parce que « l'espérance est une grande force vitale, et qu'il faut encourager la vie surtout pendant qu'elle lutte avec la mort. »

Ne pouvant aujourd'hui, vu l'heure avancée, passer en revue toutes les stations d'hiver comprises dans les trois groupes climatologiques, je vais vous donner sur plusieurs d'entre elles les détails qui me paraissent de nature à vous intéresser davantage.

### HYÈRES (département du Var).

La ville d'Hyères, la ville des Palmiers, est à bon droit considérée comme la première étape de cette migration des valétudinaires du Nord vers le Midi.

Parfaitement exposée au sud dans la plus grande partie de son étendue, à 4 kilomètres de la mer, elle s'étale en éventail sur les flancs de la montagne des Maurettes, où les nouveaux quartiers s'étagent en amphithéâtre.

Hyères, jadis réputée pour les oranges qu'elle expédiait sur le marché de Paris, voit ses arbres disparaître successivement parce que les jardiniers trouvent plus de profit dans la culture des primeurs, et la production des graines (légumières et florales) de toute nature; d'ailleurs les petites oranges d'Hyères sont aujourd'hui distancées par les excellentes oranges de Blidah et d'Espagne. Quoi qu'il en soit, la beauté des palmiers d'Hyères et les énormes parasols de ses pins d'Italie prouvent à l'évidence la douceur de sa température (température moyenne de l'année 15°,6).

L'un des quartiers les mieux situés de la station, et qui mérite par son avenir une mention spéciale, se trouve constitué par le versant méridional des collines de Costebelle, Saint-Pierre des Horts, Sylvabelle et l'Almanare. Les villas que renferment ces vallons ravissants sont plus abritées que les autres, par une ceinture de bois où dominent les pins d'Alep et les plantes aromatiques les plus variées.

**CANNES (département des Alpes-Maritimes),**
*Castrum Marcellinum* des Romains.

Il y a quelques années, Cannes était un village presque inconnu, où quelques étrangers, le célèbre Lord Brougham entre autres, venaient chercher le repos et la santé pendant les mois les plus rigoureux de la saison d'hiver (température moyenne de la saison d'hiver 9°). Cannes est aujourd'hui l'une des stations climatologiques les plus estimées et les plus suivies.

De riches domaines se sont créés de toutes parts; l'émigration s'est fixée dans la localité, et la population sédentaire s'est accrue de plus de 3000 personnes en moins de dix ans.

La ville située aux bords de la Méditerranée se trouve défendue contre le terrible mistral (vent de N.-N.-O.) par les pics tourmentés et sauvages de l'Esterel.

Vers l'extrémité orientale du golfe qui la circonscrit, et à quelques minutes de la pointe de la Croisette se dresse l'île Sainte-Marguerite, la plus grande des îles de Lérins; une forêt de pins sillonnée d'allées et d'avenues couvre l'île sur toute sa surface. C'est sur cet emplacement que nous aurions désiré voir s'établir une maison de convalescence modèle pour les soldats malades de l'armée et de la marine. Par malheur la raison d'État vient d'en décider autrement !

La ville offre à ses hôtes les promenades les plus variées, et les souvenirs historiques les plus précieux : la Napoule, les îles Lérins, Sainte-Marguerite et le Masque de fer, Saint-Honorat et sa célèbre abbaye.

A deux kilomètres le village du Cannet, que j'ai appelé plus haut le Madère de la France, représente le type le plus parfait de la zone des collines à température régulière et constante.

En traversant à l'E. les collines de Valauris, on arrive au golfe Jouan, dont la position me paraît aussi heureuse que celle de Cannes.

Il est impossible que, dans un avenir très-prochain, il ne s'élève dans ces parages des hôtels garnis et des maisons de plaisance.

Le prix de la vie matérielle est déjà si élevé dans les stations actuelles, qu'il est urgent de voir se créer successivement, le long du littoral, des centres plus facilement abordables pour la bourse des petites fortunes.

## NICE.

Malgré l'admiration qu'éprouve le médecin hygiéniste, en voyant le beau ciel de Nice, et la riche végétation de ses campagnes, il ne peut se défendre d'un sentiment pénible en constatant combien les hommes ont peu fait pour rendre la ville agréable aux étrangers qui chaque hiver viennent se réchauffer à son soleil.

Quoique ces regrets s'appliquent plus au passé qu'au présent, il est bon que les administrations locales ne perdent pas de vue la nécessité de doter la ville d'eaux potables plus abondantes, d'endiguer le torrent du Paillon ; de tracer des routes sur les flancs de ces charmantes collines (couvertes d'agaves, d'aloès, et d'opuntias) afin de multiplier et les promenades et les voies de grandes communications.

La station d'hiver de Nice est la plus fréquentée par l'aristocratie européenne parce qu'elle leur offre plus de ressources pour les distractions, les amusements et les exigences de la vie matérielle.

Ce que je vous ai dit plus haut des conditions météorologiques de ses divers quartiers me dispense naturellement de vous donner des détails plus circonstanciés.

**MENTON (département des Alpes-Maritimes).**

La ville de Menton a été plus encore que ses voisines surprise par les développements rapides de la vogue et du confort.

Ce sont les Anglais, ces touristes intrépides, qui ont d'abord préconisé cette incomparable plage, disposée en arc de cercle au bas d'un rideau de montagnes, qui semblent former le dossier du fauteuil où vient s'asseoir le valétudinaire.

Les travaux de viabilité et de voierie s'améliorent de jour en jour; les promenades déjà variées se multiplient, et les ressources alimentaires augmentent.

Le casino où se réunissent les étrangers est situé dans une position des plus agréables (1).

(1) Le docteur Farina, qui vient de publier un charmant petit volume sur la vallée de la *Nervia*, en préconise avec toute la compétence qui lui appartient le séjour comme station d'été. Voulant utiliser les eaux sulfuro-calciques de *Pigna*, analogues à nos eaux d'Enghien, notre savant confrère et ami a fait installer dans le bel établissement des bains de Menton des salles parfaitement aménagées pour les inhalations et la pulvérisation (quartier Urbana).

La température moyenne de la saison d'hiver est de 9°, celle de l'année de 17°, 50.

### AJACCIO (département de la Corse).

Le climat de la ville d'Ajaccio possède les conditions les plus favorables pour constituer l'une des plus importantes stations d'hiver du midi de la France.

Ce climat tempéré, intermédiaire entre ceux de la Provence et celui d'Alger, rentre naturellement dans la catégorie des climats marins, jouissant comme eux de la plus grande uniformité de température (moyenne annuelle, 17°, 55).

La position topographique de la ville, bâtie sur une pointe de terre qui s'avance dans le golfe, l'une des plus magnifiques créations de la nature, détermine sa place dans le groupe des zones maritimes qui conviennent à la forme la plus fréquente des affections de poitrine.

La possibilité d'utiliser l'hiver les eaux de la Caldaniccia (sulfuro-sodiques, similaires aux Eaux-Bonnes) et la faculté de séjourner pendant l'été au milieu de collines à la végétation fraîche et luxuriante, forment en outre des circonstances très-appréciables pour déterminer les malades dans leurs légitimes préférences.

A tous les cœurs bien nés que la patrie est chère!

a dit le poëte, mais comme, en fait de science, il faut savoir éviter l'ombre même de la partialité, au lieu d'insister sur mes appréciations personnelles, je vais invoquer le témoignage de deux juges très-compétents, les docteurs Donné et H. Bennet.

Voici ce qu'écrivait en 1852 le chroniqueur scientifique des Débats.

« Je ne connais pas de ville mieux située, plus jolie et plus gaie qu'Ajaccio, c'est Naples en petit par sa position au bord de la mer.

« Le golfe entouré d'une ceinture de montagnes dont les plus élevées sont couvertes de neige, le calme de l'air que n'agitent jamais les bourrasques de vent, la tiédeur de l'atmosphère qui permet la culture de l'olivier, de l'oranger, du palmier, de la canne à sucre en pleine terre, cette vie tout extérieure d'une population agglomérée, font d'Ajaccio une ville pleine de mouvement, éminemment propre aux gens qui n'ont rien à faire qu'à se promener, à humer l'air, et se réchauffer au soleil. Quel plus beau climat que celui de la Corse, et d'Ajaccio en particulier !

« Il faut aller jusqu'aux îles de la Grèce pour trouver une température aussi douce, un hiver aussi clément, un été aussi tempéré. C'est déjà le ciel de l'Afrique, avec un soleil moins ardent, mais non moins pur. Quel plus beau lieu, quelle plus délicieuse plage, quel air plus tiède ! et cette terre nous appartient, et nous y sommes chez nous et en faisant la fortune de ce pays nous enrichissons nos concitoyens ! »

« La Corse, dit le docteur Bennett dans son volume sur Menton, offre aux valétudinaires des ressources encore inconnues ; je me persuade volontiers que le principal but de mon voyage a été couronné d'un plein succès puisque j'ai pu découvrir à Ajaccio une admirable et délicieuse station d'hiver ; c'est une des villes les plus élégantes (*cleanest*) et les plus riantes (*most smiling*) que j'aie jamais vues ; le froid est inconnu pendant l'hiver, et le temps constamment beau est toujours éclairé par un soleil radieux. »

« J'espère, ajoute M. Bennett, qu'en faisant connaître la jolie petite ville d'Ajaccio, j'ajouterai une station d'hiver d'un accès facile (*Winter*

*Sanitarium*) à celles qui existent déjà dans le midi de la France. »

Je signalerai en terminant les opinions favorables des docteurs J. Laure, Biermann de Hambourg, Paul Picard, de Paris; Ripton, de Londres.

Laure signale avec enthousiasme « cette plage en pente douce vers la mer qu'un soleil africain éclaire tous les jours. »

« La sérénité du beau ciel d'Ajaccio, dit Picard, descendit dans mon cœur, et je me promis de raconter avec reconnaissance les merveilleuses cures opérées par ce splendide climat. »

### PAU (département des Basses-Pyrénées).

C'est aux médecins anglais James, Inglis, et Taylor, et au très-regretté docteur Louis, que la ville de Pau (l'heureuse patrie du grand Béarnais) doit la réputation dont elle jouit à si juste titre.

Située dans une contrée belle et riche, en face de ce splendide panorama de la chaîne des Pyrénées, propre, bien aérée, elle offre à ses hôtes toutes les commodités et souvent tout le luxe de la vie.

Rien de plus séduisant que les promenades qui se trouvent dans le voisinage de la cité béarnaise, soit que l'on veuille longer le Gave serpentant à travers une délicieuse vallée, soit que l'on préfère s'élever vers les coteaux riants de Jurançon.

Par sa situation, et par la conformation topographique de ses environs, Pau se voit complétement abritée des grands courants d'air du Nord et des vents énervants de la région du Sud.

Ce calme de l'atmosphère constitue le caractère essentiel, l'élément prédominant de son climat. L'absence de toute grande agitation dans l'air atténue les grandes vicissitudes de l'état thermique, et rend les perturbations de la caloricité ambiante moins sensibles pour les organisations délicates et souffreteuses. La température moyenne de l'hiver n'est que de 7°, 6 : les pluies sont très-abondantes; heureusement le sol sablonneux absorbe presque instantanément l'humidité.

Il s'élève chaque année dans la presse locale d'ardentes controverses pour savoir à laquelle des deux stations rivales de Nice et de Pau la colonie du *High Life* doit donner la préférence.

L'étude impartiale des faits prouve d'une manière péremptoire que cette lutte n'a aucune raison d'être. Nice et Pau possèdent des caractères climatologiques si distincts que le malade ne peut pas indifféremment séjourner dans l'une ou l'autre des deux villes; et que le médecin hygiéniste seul peut déterminer avec connaissance de cause, et après examen préalable, le choix de la station.

## ALGER (Afrique).

39° 47′ 20″ latitude N.;
0° 44′ et 10 longitude O.

Le climat de l'Algérie tient le milieu entre celui du midi de la France, et ceux des régions tropicales.

La ville d'Alger (*Al Djezaïr*, la guerrière, la bien gardée des Turcs) est bâtie en amphithéâtre sur le versant N. de l'une des dernières ramifications du Sahel.

Cette position topographique l'abrite contre les vents du sud, le sirocco ou simoun, vent d'Afrique, pendant que l'excès de la chaleur se trouve naturellement tempéré par les brises de terre et de mer qui soufflent à des heures régulières, et entretiennent une température plus sensiblement uniforme.

La température moyenne de l'année que nous

avons trouvée de 17° à Nice, de 18° à Ajaccio, est ici de 19° et une fraction.

L'on ne peut rien imaginer de plus pittoresque, de plus agréable, de plus salutaire que les environs d'Algér, aussi des centaines de villas se sont élevées comme par enchantement au milieu de bouquets d'oliviers, de jujubiers et d'orangers. Toutes les personnes qui ont habité Alger, même pendant quelques semaines, vous parleront avec un véritable enthousiasme de la beauté et de la clémence de son climat, et vous serez étonnés de retrouver chez toutes le désir bien formel de revoir et son merveilleux amphithéâtre, et ses pittoresques villas, et ses luxuriantes collines.

C'est à nos médecins militaires que reviennent l'honneur et le mérite d'avoir signalé, dès les premiers jours de la conquête, l'heureuse influence du climat algérien sur les affections chroniques de la poitrine.

Cette heureuse influence devient surtout très-appréciable dans les cas nombreux où il s'agit, soit de conjurer les prédispositions de la phthisie pulmonaire, soit de combattre les symptômes qui constituent le premier degré de la maladie.

## ARCACHON

Pour vous donner une idée des stations comprises dans le 3e groupe (zone mixte) je vous parlerai plus particulièrement du climat d'Arcachon.

Cette petite ville de la Gironde, à 56 kilomètres O.-S.-O. de Bordeaux, est située sur le bassin de ce nom formé par le golfe de Gascogne.

Cette baie, de 14,000 hectares de superficie et de 80 kilomètres de tour, communique avec l'Océan par des chenaux profonds, ouverts vers le cap Ferret. La mer, dans ces mouvements accidentés, forme des barres toujours changeantes dans cette passe étroite et difficile.

L'histoire d'Arcachon peut se résumer dans ces quelques mots de sa devise *heri solitudo ; hodiè vicus ; cras civitas.*

*Heri solitudo*, hier solitude. — A la fin du dernier siècle, ces plages désolées et désertes n'étaient fréquentées que par de rares pêcheurs vivant dans des huttes sauvages.

*Hodiè vicus.*—Vers l'année 1760 l'ingénieur Brémontier, à force de persistance et de luttes, trouva le moyen de fixer les dunes ou montagnes de sables mobiles qui envahissaient le pays situé sur le golfe de

Gascogne entre l'embouchure de la Gironde et celle de l'Adour. Ce moyen consistait dans l'ensemencement des dunes par le pin maritime.

De cette époque datent les premières habitations en bois couvertes de chaume, qui constituèrent non loin de la Teste un village de marins et de résiniers ; mais depuis vingt-cinq ans le village est devenu bourgade et la petite ville s'est successivement allongée sur 4 kilomètres de longueur, entre une belle plage de sable, et une immense forêt de pins.

*Cras civitas*, ville demain. — L'établissement d'un chemin de fer direct, qui met Arcachon à une heure de Bordeaux ; la vogue qui s'est emparée de cette station de bains de mer utilement conseillée en mai et juin, puis en octobre et novembre, aux malades venant des établissements thermaux des Pyrénées (Eaux-Bonnes, Cauterets, Bagnères-de-Luchon) ; la création par la Compagnie du Midi de plus de cinquante villas d'hiver, au milieu de la forêt, sont des garanties certaines de sa prochaine transformation en ville importante.

Le climat d'Arcachon, outre les influences générales du climat girondin, doit nécessairement présenter des particularités tenant à sa position topographique, et aux conditions particulières que créent à son atmosphère l'existence d'une forêt de plantes résineuses.

Et tout d'abord parlons de l'influence qu'exerce sur cette région de la France, ce courant océanique, ce fleuve d'eau chaude (température de 30°) que l'on appelle le Gulf-stream.

Le Gulf-stream (courant du Golfe) prend sa source dans le golfe du Mexique, au milieu du bassin que forment les côtes intérieures des deux Amériques. Ces côtes et ces îles hérissées de cratères mal éteints, encore agitées de fréquentes secousses de tremblement de terre, dénoncent à l'observateur la fournaise ardente qui fermente sous les flots.

Le Gulf-stream, dit le commandant Maury, est un fleuve dans la mer.

Dans les plus grandes sécheresses jamais il ne tarit, dans les plus grandes crues jamais il ne déborde. Ses eaux tièdes et bleues coulent à flots pressés sur un lit et entre deux rives d'eau froide. Nulle part dans le monde il n'existe un courant aussi majestueux (14 lieues de largeur, 900 mètres de profondeur). Il est plus rapide que l'Amazone (8 kilomètres à l'heure), plus impétueux que le

Mississipi, et la masse de ces deux fleuves ne représente pas la millième partie du volume d'eau qu'il déplace.

Le Gulf-stream traverse l'Atlantique, puis, en se dirigeant vers le nord pour rejoindre les courants polaires, il dévie sur le golfe de Gascogne, passe au nord de l'Irlande et de la Grande-Bretagne, et baigne tous les archipels situés entre l'Écosse et l'Islande.

Vous comprenez parfaitement l'influence considérable que doit exercer un pareil courant sur les climats de l'Europe occidentale.

C'est au Gulf-stream en effet que les îles Britanniques et la France doivent en grande partie leur douce température, leur richesse agricole, et par suite une part très-notable de leur puissance matérielle et morale.

Grâce à l'influence du courant du Golfe, l'Irlande, la verte Erin possède sur ses côtes occidentales une température plus élevée de 2 dégrés que celle des côtes de l'Est.

L'île de Glenarn nous montre une floraison du myrte aussi active qu'en Portugal.

Sur les côtes du Devonshire des orangers en

espalier portent du fruit qui atteint une parfaite maturité.

Mais revenons à Arcachon, avec son bassin d'eaux salées, et ses forêts d'arbres toujours verts.

« La forêt (docteur Pereyra) a l'immense avantage de briser le vent d'ouest, qui est si fort dans tous nos ports de l'Océan, et d'empêcher ces transitions brusques de température qui seules contre-indiquent l'habitation des bords de la mer pour les poitrines délicates.

« En outre les émanations balsamiques qui s'échappent des pins constamment taillés pour produire la résine, vont porter une influence salutaire aux poumons, en se mêlant à l'air que respirent les malades. »

J'ai pu constater à plusieurs reprises avec mon distingué confrère et ami le docteur Hameau, médecin inspecteur de la station, que l'habitation au sein de l'atmosphère résineuse d'Arcachon, convient dans les phthisies de forme éréthique avec prédominance de tempérament nerveux, héréditaire ou acquis, dans les névropathies en général, dans certaines variétés de l'asthme. Tous les malades de la poitrine doués d'un tempérament nerveux sont améliorés dans la forêt : quelques-uns y ont été complétement guéris.

La région des dunes ou de la forêt, la station hivernale avec ses charmantes villas, ses chauds abris, ses émanations balsamiques et son action sédative ne commence qu'au revers méridional de la première dune.

Le docteur Sarramea console en ces termes les personnes qui redouteraient la monotonie et la tristesse de cette résidence.

« Ne regrettez pas trop l'absence de ces plaisirs produits de l'art, qui a aussi ses merveilles sans doute, mais dont on finit par se lasser. La nature a des beautés toujours anciennes et toujours nouvelles dont on ne se rassasie jamais. L'hygiène applaudit à cette suspension temporaire. »

Mais l'heure s'avance, et il faut nous séparer.

Je vous ai signalé en commençant cette conférence les préoccupations de Leibnitz au sujet de la santé et de la vertu.

Au moment de la terminer, laissez-moi vous prier d'arrêter quelques instants vos méditations sur cette belle pensée de Sénèque :

« Que de choses dont la connaissance est réservée aux âges à venir, et à une époque où nous ne serons plus !

« Nous nous croyons initiés, et nous sommes encore à la porte du temple. »

---

# CONFÉRENCE DU 18 MARS 1874

MESDAMES ET MESSIEURS,

La bienveillante attention que vous avez prêtée à ma première conférence sur les climats du Midi de la France ; les encouragements que j'ai retrouvés chez les principaux rédacteurs scientifiques de la Presse parisienne (qu'ils me permettent de leur en témoigner ici toute ma reconnaissance), m'ont déterminé à venir compléter aujourd'hui ces intéressantes recherches, par une étude comparative de nos bienfaisantes stations d'hiver avec celles de l'Italie, de l'Égypte et de l'île de Madère.

Et tout d'abord, permettez-moi de résumer très-sommairement les principales parties d'une dissertation qui (par des circonstances indépendantes de ma volonté) est déjà loin du souvenir de plusieurs d'entre vous. De cette manière je pourrai présenter à mes nouveaux auditeurs un tout plus harmonique, et à vous tous, Mesdames et Messieurs, un ensemble de faits précis, nous conduisant, sans conteste, à des conclusions plus certaines et mieux déterminées. Après vous avoir donné une définition plus précise des mots *climat* et *climatologie*, je vous ai montré d'une part : le globe terrestre divisé en cinq régions ou zones (1 tropicale, 2 tempérées, 2 polaires) correspondant à la distinction des climats en chauds, tempérés et froids ; de l'autre : les cinq régions climatoriales de la France, climat Vosgien ou du N.-E., Séquanien (N.-O.), Girondin (S.-O.), Rhodanien (S.-E.), Méditerranéen ou Provençal. J'ai constaté l'importance indéniable des études climatologiques, et la tendance parfaitement justifiée de la médecine moderne à se transformer dans l'hygiène.

Dans le Journal des Économistes, M. L. Baudrillart commence par rappeler l'opinion de Cabanis qui regardait l'influence des climats et des lieux comme un fait tyrannique, omnipotent, hautement attesté par tous les êtres animés et par les plantes même, puis il ajoute :

« S'il ne faut pas trop exagérer l'influence des climats, il ne faut pas non plus tomber dans ce spiritualisme sans mesure, qui consisterait à la nier ou à l'amoindrir.

« L'influence des climats sur les faits économiques est incontestable mais limitée ; elle est d'autant plus grande que l'homme est moins développé comme être moral, et possède une industrie moins puissante. »

Voici comment s'exprimait M. Michelet, cette belle intelligence qui vient de s'éteindre doucement sous le beau soleil du Midi.

« La médecine, de plus en plus, sera une émigration prévoyante ; on ne restera pas inerte à couver des maux incurables, mais on ira au-devant par l'éducation, par l'hygiène et surtout par les voyages. »

Je me suis efforcé d'élucider avec soin cette importante question : quelles sont dans les zones climatoriales tempérées de la France, les caractéristiques essentielles de l'air que l'on respire aux bords de la mer, et de l'air que l'on respire dans l'intérieur des terres à une altitude moyenne? L'atmosphère maritime nous est apparue avec ses effets toniques et stimulants, et l'atmosphère des collines avec ses effets calmants et sédatifs.

Cette distinction capitale nous a conduits tout naturellement à diviser les climats d'hiver en deux groupes :

Le premier comprenant les stations hivernales tempérées où l'air est doux, un peu mou, sédatif, chargé d'une certaine humidité (c'est ce que j'ai appelé la zone des collines).

Le deuxième renfermant les principales stations de la Méditerranée où l'air est tonique, sec, stimulant (c'est notre zone marine ou du littoral).

La connaissance des topographies locales a fait ressortir ce fait important : que dans une même station il existe des quartiers distincts dont les éléments climatologiques essentiels correspondent aux deux types de climats que je viens d'énoncer.

Je crois vous avoir démontré aussi qu'à ces deux types parfaitement déterminés de climats correspondaient deux catégories de maladies à caractères nettement distincts.

Dans les affections chroniques des voies respiratoires nous avons trouvé, d'une part, la forme *torpide* greffée sur une constitution lymphatique ou scrofuleuse, représentant l'alanguissement et la dénutrition.

De l'autre, la forme *éréthique* animée par l'élément subinflammatoire, avec les réactions de l'élément nerveux.

Dans les névroses nous avons constaté de même ces deux types fondamentaux.

Des personnes à système nerveux déprimé, engourdi, frappé pour ainsi dire de stupeur, et des sujets à tempérament irritable et surexcité.

De tout ce qui précède, nous tirerons aujourd'hui comme hier trois conclusions pratiques :

1° Le même climat ne peut être raisonnablement conseillé dans chacune de ces modalités ou manières d'être de la maladie.

2° Les poitrinaires torpides, et les névroses déprimées, ont besoin d'un air sec, vif, tonique et stimulant.

3° Les poitrinaires éréthiques et les névroses surexcitées réclament un air tempéré, imprégné d'une certaine humidité, en un mot sédatif.

## ITALIE

Loin de moi la pensée de vous présenter ici la description géographique du royaume d'Italie.

Je me borne à vous rappeler que la chaîne des Apennins divise la Péninsule dans toute sa longueur en deux zones climatologiques.

L'une occidentale, bornée par les eaux de la Méditerranée, reçoit les vents du Sud et renferme les localités plus spécialement réputées pour la douceur du climat.

Dans la seconde, orientale, en face de l'Adriatique, dominent les vents boréaux. Les étés y sont moins chauds, mais en revanche les hivers constamment rigoureux.

En raison d'une plus grande quantité de vapeur aqueuse, à l'état vésiculaire, dans les couches atmosphériques, le ciel y est moins pur, les jours sereins moins considérables.

Après avoir constaté que la renommée du climat de la péninsule Italique date des premiers jours de la civilisation, je me vois forcé de reconnaître, quoique avec un certain regret :

1° Que ce beau ciel, si vanté par les poëtes, n'offre pas toujours à la médecine hygiénique toutes les ressources qu'on lui attribue ;

2° Que la vogue dont elle jouit est moins justifiée par l'ensemble de ses heureuses conditions climatoriales, que par les attraits de ses sites prestigieux, et par les jouissances intellectuelles ou morales que procurent au cœur et à l'esprit, ses chefs d'œuvre de beaux-arts, ses souvenirs historiques.

Je m'efforcerai de vous démontrer ces propositions avec toute l'impartialité que réclame la Science ; et, pour procéder avec méthode, je passerai successivement en revue :

1° Les villes que doit éviter par-dessus tout le valétudinaire :

Gênes, Milan, Florence, Turin, Bologne, Sienne ;

2° Les localités qui présentent d'heureuses conditions climatologiques, mais où font défaut des installations matérielles convenables :

Rivière de Gênes;

Golfes de Gaëte, de Naples et de Salerne ;

3° Les villes où le séjour d'hiver peut se limiter à deux ou trois mois, Rome et Naples;

4° Les stations hivernales de premier ordre, Pise et Venise.

## GÊNES.

L'une des impressions les plus agréables de ma vie de touriste est sans contredit celle que j'ai éprouvée en arrivant, par une belle matinée de juillet, au lever du soleil, devant le port de Gênes *la Superbe.*

Je renonce volontiers à décrire l'aspect majestueux et imposant de ce panorama inondé de lumière, de mouvement et de vie, car cette ville n'offre aucunissime ressource pour le médecin hygiéniste.

Par sa position topographique elle se trouve exposée à tous les vents; aussi les tempêtes et les ouragans se succèdent-ils sous l'influence antagoniste des courants maritimes et des fortes brises qui se précipitent des hauts glaciers des Alpes.

Bien que la température moyenne de l'année s'élève à 15° cent. (8° en hiver, 23° en été) le ciel de Gênes est pour tous les malades l'un des plus incléments de l'Italie.

C'est un premier exemple de l'impossibilité de juger la bonté d'un climat par la seule connaissance de sa température moyenne de l'année.

## MILAN.

Milan, la capitale de la riche Lombardie, présente toutes les vicissitudes et tous les inconvénients des climats continentaux.

La ville est exposée aux variations nombreuses et successives de la Rose des vents; le thermomètre a pu descendre en hiver jusqu'à 14° de froid.

Ces influences froides et humides l'hiver, et ces changements brusques dans les conditions météorologiques, en toute saison, suffisent pour éloigner de ses murs le valétudinaire, quelle que soit d'ailleurs sa maladie.

Les beaux lacs de l'Italie septentrionale, le lac Majeur, et le lac de Côme forment, pendant les mois de printemps et d'été, des lieux de villegiatura pour l'aristocratie milanaise.

L'air qu'on y respire, les sites ravissants qu'on rencontre, à chaque pas, sur ces rivages enchanteurs sont prescrits, avec succès, pour distraire de leurs préoccupations tristes et funestes, ces mélancoliques fils d'Albion que consume à petit feu le spleen, cet ennui perpétuel de soi-même et des autres.

## FLORENCE.

Florence, Florencia, *Firenze*, la ville des fleurs, au Lys bleu pour emblême, est assise au milieu d'un vaste jardin qu'arrosent les eaux limpides de l'Arno.

« La capitale de l'Étrurie, dit une vieille chronique, est ceinte de collines agréables, toutes revêtues d'arbres fruitiers, lesquelles l'enferment comme un grand et plaisant théâtre, tirant d'orient et septentrion; elle a du côté de l'occident une belle plaine. »

Ces collines, trop peu élevées pour l'abriter des fortes brises, australes et boréales, mais assez hautes pour former autour d'elle les parois d'un véritable entonnoir, donnent à son climat, une rigueur et une inconstance des plus accentuées.

L'hiver avec sa température moyenne de 6°

est froid pendant que les chaleurs y sont accablantes l'été (température moyenne, 24°).

Ces deux chiffres 6 et 24 donnent pour moyenne de l'année le chiffre 15°. C'est, à quelque fraction près, celui de Cannes et de Menton.

Vous voyez là un second exemple des mécomptes auxquels l'on s'exposerait, en jugeant un climat par le seul élément de sa température moyenne de l'année, en négligeant sa position topographique et son anémologie.

Le climat de Florence devient promptement fatal pour les poitrines compromises, pour les sensibilités délicates.

Les satisfactions intellectuelles et morales que vous procurent tous les souvenirs historiques de ses souverains les Médicis, de ses grands hommes, Dante l'incomparable poëte, Savoranole le réformateur, Machiavel le profond politique, Benvenuto Cellini l'inimitable ciseleur, Brunellesco l'habile architecte, Michel-Ange le prince des sculpteurs, Galilée le grand astronome, tous ces souvenirs, dis-je, et la vue de ces merveilles de la peinture, de la sculpture et de l'architecture que l'on rencontre à chaque pas dans la ville, ne peuvent contre-balancer les graves inconvénients que produit sur les valétudinaires l'atmosphère, tour à tour glaciale et énervante de l'Athènes moderne.

Les villes de Turin, l'ancienne capitale du Piémont, située au milieu des Alpes; de Sienne en Toscane; et de Bologne, dans les États de l'Église (ces deux dernières entourées de toute part par les Apennins), possèdent au point de vue sanitaire les inconvénients que nous venons de constater à Florence.

En franchissant le Var pour suivre la route de la Corniche, cette magnifique voie romaine qui, dans la pensée du grand Empereur et Roi, devait relier, au point de vue stratégique et commercial, ses deux Capitales, le voyageur aperçoit suspendues aux flancs de la montagne, ou assises propres et coquettes sur les rivages de la mer, une suite non interrompue de villages et de villes.

Je vous ai déjà parlé de Nice, de Cannes et de Menton, je vous rappellerai les noms de Monaco, Roquebrune, San Remo, Vintimille, la Bordighera (aux palmiers séculaires).

Puis, sur la partie du littoral que les marins appellent les deux rivières de Gênes, au ponant

(Ouest) Albenga, Noli, Savone et Pegli; au levant (Est) Recco, Chiavari, Sestri et la Spezzia.

Toutes ces charmantes localités sont susceptibles de devenir plus tard des stations propices, pouvant se grouper utilement dans la première zone maritime ou du littoral; actuellement elles n'offrent en général au valétudinaire que des habitations peu confortables, et des ressources insuffisantes pour l'existence matérielle de tous les jours.

Les influences les plus favorables de l'Italie méridionale se retrouvent sur le littoral des golfes de Salerne et de Gaëte.

La salubrité et la douceur du climat répondent à la magnificence du paysage; malheureusement, partout des installations primitives.

Dans le golfe de Naples, à l'orient, Massa, Sorrente, Castellamare, malgré leur ravissante position, sont trop exposées aux influences boréales.

Sur la rive occidentale, je signalerai Baïa et Pouzzoles.

Ce petit territoire, où règne aujourd'hui la solitude, que sillonnent des flaques marécageuses, n'offre plus au voyageur que le triste spectacle des ruines des villas et des palais somptueux qui recouvraient autrefois ce coin privilégié de la Campanie. L'invasion des barbares, les bouleversements volcaniques, les pernicieux effets de la fièvre paludéenne, semblent avoir conjuré ensemble pour produire cette désolante métamorphose.

C'est là cependant que les poëtes plaçaient les Champs Élysées.

C'est cette terre fortunée que Pline décrivait *avec amore* et que chantait le sensuel Horace. Attirée par un climat conforme à ses habitudes voluptueuses, la société élégante de Rome se portait à l'envi sur ces rivages, où les maîtres du monde épuisaient au sein de la mollesse et de l'oisiveté ce qu'il leur restait d'énergie physique et morale.

Baïa, que Sénèque appelait le rendez-vous de tous les vices, ne présente plus qu'une morne solitude, et Pouzzolles, malgré son atmosphère douce et énervante, ne peut offrir à ses hôtes les conditions indispensables pour un séjour utile et prolongé.

## ROME.

Tandis que la Rome des Tarquins et des Césars était salubre, largement ouverte au midi, protégée contre le septentrion par des montagnes couvertes de forêts épaisses, la Rome des Papes, descendue des sept collines dans la plaine, est devenue insalubre et presque inhabitable à certaines époques de l'année.

Les influences boréales peuvent traverser librement les cimes déboisées du Ciminus et du Soracte, pendant que les vents d'ouest (O. et S.-O.), arrivant par la vallée du Tibre et les territoires d'Albe et d'Ardée, font ressentir leurs souffles chauds et énervants dans tous les quartiers de la ville.

La température moyenne de l'année s'élève à 15 cent., mais l'hiver (avec ses 8°) est froid, vif et piquant, pendant que, l'été, les chaleurs du jour sont accablantes.

Le fer et le feu des Barbares ont accumulé autour du berceau du Christianisme, avec les ruines, les causes d'insalubrité.

Celle-ci trouve de nombreux éléments dans les cloaques formés par les ruines de l'ancienne Rome; dans une campagne marécageuse et à peu près inculte; dans l'humidité du sol moderne; dans le voisinage des marais Pontins; dans les ardeurs estivales; dans la manifestation de ces fièvres paludéennes qui font émigrer à époque fixe la partie riche ou aisée de la population.

Les traits principaux du climat romain sont en conséquence :

1° Une grande mobilité de la thermalité de l'atmosphère, par suite des changements rapides qui surviennent dans la distribution anémoscopique ;

2° Une humidité notable, conséquence du passage des principaux vents sur de vastes surfaces plus ou moins imprégnées d'eau.

L'étude attentive que j'ai été à même de faire du climat de Rome m'a conduit à partager l'opinion d'un de nos médecins militaires les plus distingués, le docteur Jacquot :

« Les phthisiques qui recherchent avec tant d'empressement le séjour de Rome ne poursuivent qu'une chimère. »

Les seuls mois de séjour possibles pour les valétudinaires et les malades sont mars et avril — octobre et novembre.

Les autres époques sont funestes, ou par la rigueur excessive des brises boréales, ou par le souffle mortel des vents d'ouest et du sud qui engendrent la fièvre pernicieuse et la malaria.

Vous souvient-il du tableau de l'un de nos

peintres de genre les plus distingués, M. Hébert, représentant sous un ciel grisâtre, au milieu d'une plaine désolée, suivant le cours d'une eau à demi stagnante, le radeau qui porte une famille des marais Pontins?

Le père debout sur l'avant conduit la barque; la mère assise au milieu donne ses soins aux enfants qui l'entourent; un vieillard à demi couché occupe le second plan.

Toutes ces physionomies sont ternes et mornes, l'abattement moral semble aussi grand que le dénûment physique.

Un serrement de cœur vous saisit à la vue de ce spectacle, et un sentiment de compassion vous pousse vers ces pauvres êtres condamnés à une mort prochaine.

De tous côtés la vie s'éteint; vous sentez les frissons de la fièvre, c'est elle, c'est la malaria!

La malaria, le mauvais air, l'air vicié, l'air mortel, qui compte tous les ans ses victimes par milliers, qui s'est implantée là où brillait jadis une civilisation florissante, qui a transformé en solitudes les cités populeuses de l'Étrurie et de la Campanie!

Et cependant l'homme peut lutter avec certaines chances de succès contre ces éléments de mort, et les faits qui démontrent l'influence constante de l'assainissement, résultat de la grande culture et des emménagements des terres (colmate), sont aujourd'hui très-nombreux.

Écoutez plutôt ce qu'écrit le docteur Barzelotti sur les Maremmes toscanes.

« La dépopulation se continuait depuis le moyen-âge jusqu'à notre temps, sous l'influence du mauvais air, lorsque Léopold Ier, qui a été depuis empereur d'Autriche, avec une intelligence et une munificence sans égales, eut entrepris de rendre à toutes ces contrées désolées le bon air et la possibilité d'y vivre. »

Les résultats ont été des plus satisfaisants.

En trente ans la population de la province de Grossetto s'est élevée de 54,000 âmes à 76,000.

Son successeur, le dernier grand-duc de Toscane, a continué cette grande œuvre, en rendant chaque année à la culture de dix à vingt lieues carrées.

Les lacs de Castiglione, de Buriano, de Scarlino, se sont retirés, au moyen de belles opérations hydrauliques ayant pour but, d'une part, de *colmater* les fonds de dépôts terreux, de l'autre de donner aux eaux stagnantes un libre écoulement vers la mer.

Et lorsqu'un jeune diplomate, Alphonse de Lamartine, aussi émerveillé de ces heureux résultats, qu'effrayé de cette lutte de l'homme contre les éléments, demanda à Léopold II le secret de son triomphe, ce prince philosophe et paternel répondit avec modestie : « Je travaille dans le sens de la nature. »

## NAPLES.

Dans l'Italie méridionale, pendant que l'atmosphère est toujours resplendissante d'azur et de lumière, la terre y est couverte des plus beaux produits de la végétation ; partout des bouquets de myrtes et de lauriers-roses, de toutes parts de véritables forêts d'orangers et de citronniers.

La ville de Naples, sa capitale, offre au voyageur l'un des panoramas les plus splendides qu'il soit possible d'admirer au monde.

Le lazzarone napolitain, qui ne comprend que la vie expansive avec les impressions enivrantes des sens, se peint tout entier dans son exclamation poétique de :

*Vedi Napoli et poi muori.*
Voir Naples et mourir !

Carrière et Gigot-Suard y reconnaissent deux régions.

La zone occidentale et septentrionale, montueuse, formée par la longue crête du Pausilippe, par les collines élevées de la Somma, de Sorrente et de Castellamare, sur laquelle souffle avec impétuosité le vent du Nord Maestro, Tramontana.

La zone orientale et méridionale de la plaine, qui appartient aux influences du Sud et plus particulièrement du Libeccio (S.-O.).

Les influences boréales sont aux influences antagonistes du sud dans la proportion de 6 : 9.

Ces dernières exercent une action si fâcheuse sur l'organisme, en favorisant la congestion cérébrale, et partant l'exaltation de l'esprit, l'affaissement du libre arbitre, que des articles de lois admettent les circonstances atténuantes, et parfois même l'impunité, pour les crimes et délits commis pendant le règne du sirocco. La température moyenne annuelle est de 16 cent.

Les instabilités atmosphériques et la constitution volcanique du sol favorisent, avec le dégagement d'une quantité considérable de fluide électrique, son accumulation constante dans les couches aériennes.

Ces conditions spéciales suffisent pour justifier les propriétés excitantes du climat de Naples, et pour les proscrire dans tous les cas où le médecin peut constater une altération grave des organes essentiels à la vie.

Les sujets mélancoliques et névrosés, et les personnes anémiques, délicates et souffreteuses, pourront séjourner dans ces parages pendant les derniers mois de l'hiver et au printemps.

Toutefois ils devront éviter avec soin les quartiers riches et élégants de Sainte-Lucie, Villa Reale, Chiaja et Saint-Elme.

Les buts de promenade, dans les jours calmes et sereins, sont aussi variés qu'agréables :

Le Vésuve, les ruines de Pompéi et d'Herculanum, l'île d'Ischia avec ses eaux minérales célèbres, l'île de Caprée, avec ses émouvants souvenirs historiques.

## PISE.

Pise, la ville d'Italie où sont envoyées, en plus grand nombre et depuis plus longtemps, les personnes atteintes d'affections pulmonaires, est située à l'entrée de la dernière vallée de l'Arno, au milieu d'une vaste plaine entourée de collines et de montagnes de hauteur moyenne.

Celles-ci s'étagent en amphithéâtre et forment

une enceinte à peu près continue, commençant au N.-O. pour se porter par le N. et N.-E. vers le S. et le S.-E.

A partir du levant la barrière s'abaisse progressivement dans la direction du Sud, de manière à découvrir le bassin du côté des plages de San-Rossore et de la mer.

Trois lieues environ séparent aujourd'hui la ville du rivage.

Des atterrissements continuels, des mouvements incessants de sables entassés à l'embouchure de l'Arno, ont comblé le Porto-Pisano de la république du moyen âge.

L'île de la Méloria, en face de Livourne, rappelle encore le souvenir de ce terrible combat naval où succombèrent les galères pisanes, condamnées à livrer aux Gênois vainqueurs les lourdes chaînes de fer qui fermaient l'arsenal.

La disposition topographique de cette partie de l'ancienne Étrurie se trouve énoncée dans la sublime imprécation du grand poëte florentin, aux dernières strophes de l'épisode tragique du comte Ugolino della Gherardesca.

Oh ! Pise, la honte des nations civilisées, puisque tes voisins sont trop lents à te punir, puissent la Capraia et la Gorgona (îles de la mer Tyrrhénienne) venir barrer l'embouchure de ton fleuve, le fermer, le faire refluer sur lui-même, de manière à noyer la population tout entière.

> Muovansi la Capraia e la Gorgona
> E faccian siepe ad Arno in sù la foce
> Si ch' egli annieghi in te ogni persona.

L'Arno, dans son cours d'orient en occident, décrit *intra muros* un arc de cercle dont la convexité est tournée du côté du nord. La disposition de cette courbure forme, comme dit Carrière, un appareil de convergence des rayons solaires, fixant sur un assez long espace les chaudes influences du midi.

C'est dans cette différence d'exposition qu'il faut rechercher l'origine et la cause de certaines divergences d'opinions médicales.

Il est difficile d'établir pour le climat de Pise une moyenne annuelle exacte de ses principaux éléments météorologiques.

Pour rester dans le vrai, il faudrait instituer des observations sur les deux rives de l'Arno.

Lorsqu'un valétudinaire, atteint de la poitrine (à tempérament éréthique, à sensibilité exagérée), trouve sur le quai demi-circulaire de la rive droite une habitation convenable, qu'il prend quelques précautions dans sa manière de vivre, il éprouve une amélioration sensible et immédiate.

Mais s'il avait alors l'imprudence de passer, par un temps froid ou pluvieux, sur la rive gauche, il y rencontrerait des variations brusques de thermalité, partant des occasions de rhumes et de bronchites. La ville se trouve ainsi partagée en deux parties distinctes : l'une, située sur la rive droite, jouissant des vertus qui ont établi sa réputation séculaire; l'autre, sur la rive gauche ou méridionale, possédant une atmosphère froide avec de brusques variations de température.

La caloricité atmosphérique n'éprouve pas à Pise de vicissitudes sensibles; la température moyenne annuelle est de 15 cent., celle de l'hiver de 70,8 cent.

L'humidité du climat ressort des circonstances suivantes :

L'hygromètre marque rarement les degrés de sécheresse;

Sur 30 années d'observations, le pluviomètre a fourni à Show la moyenne très-élevée de 1$^{m}$, 042 d'eau.

Les vapeurs répandues jusque dans les couches élevées ôtent à son ciel la transparence et l'éclat des atmosphères méridionales.

Les vents qui prédominent dans le bassin pisan traversent, avant d'atteindre la ville, des surfaces plus ou moins couvertes d'eau. L'est et le nord roulent sur les vallées supérieures de l'Arno et sur les lacs des Maremmes; le sud et le sud-est parcourent le territoire bas et humide de Livourne; le sud-ouest et l'ouest soufflent de la Méditerranée.

En résumé, la ville étrusque jouit pendant la la saison d'hiver d'une température douce et égale, et d'une atmosphère calme, constamment imprégnée d'humidité, conditions climatoriales conduisant à des influences sédatives, antiphlogistiques.

« Le climat de Pise, écrivait un confrère parisien, le docteur Bricheteau, est préférable à toutes les localités de l'Italie.

« C'est une espèce de serre chaude où l'on est admirablement pour vivre à l'abri de toutes les influences nuisibles des variations atmosphériques : nulle part on n'est mieux pour végéter. »

Un calme perpétuel peu conforme à la vie d'ordinaire expansive des Italiens, règne dans cette ville paisible et médiocrement peuplée.

Pourtant les souvenirs d'un passé célèbre y sont largement représentés :

La tour dite de la Faim, où périrent le comte Hugolin et ses enfants ;

L'église dei Cavalieri, ces croisés du moyen-âge à la croix rouge de saint-Étienne, ces valeureux champions de la Chrétienté ;

La chapelle de la Spina, cette perle d'architecture gothique suspendue comme un nid sur les quais de l'Arno ;

Cette place unique au monde, où le touriste peut contempler à la fois quatre chefs-d'œuvre, la Cathédrale, le Baptistère, le Campo-Santo et la Tour penchée.

C'est en suivant les mouvements oscillatoires de la lampe suspendue à la grande voûte de la basilique, que Galilée, alors jeune professeur à l'Université de Pise, découvrit la théorie du pendule et du mouvement de la terre.

## VENISE.

Aux confins de la mer Adriatique, dans un vaste espace triangulaire que contournent les lagunes de la Vénétie méridionale, se berce majestueusement sur les flots la ville des fascinations et des surprises, l'ancienne et puissante république du moyen âge, la maîtresse de Chypre, la terreur des musulmans, Venise *la Belle!*

En face du palais des Doges, autour de la colonne de la Piazetta, que surmonte le lion de Saint-Marc, viennent se grouper plus de cent îles avec leurs 140 canaux, mis en communication par 130 ponts ou passerelles. Le rivage maritime ou Lido résulte du rapprochement des îles de Chioggia, Brandolo, Malamocco, Palestrino, Saint-Érasme. C'est sur la face orientale de Brandolo et des îlots voisins que se dressent ces forts assemblages de blocs de pierre, les murazzi, destinés à protéger la terre contre les flots du golfe.

La topographie de Venise nous représente en même temps une singularité et une merveille.

Singularité, parce qu'elle forme sur nos continents un exemple unique.

Merveille, parce qu'elle démontre les efforts victorieux de l'homme sur les éléments.

Les canaux de la lagune (cette vaste surface inondée entre la pleine mer et la partie méridionale du continent) sont alimentés d'une part par les fleuves et les rivières qui s'écoulent de la chaîne des Alpes Juliennes et Carniques, de l'autre par les eaux de l'Adriatique.

Ces eaux sont animées d'un mouvement de flux et de reflux.

Pendant le reflux, la lagune montre à nu ses vases chargées d'algues et de plantes marines. Pendant le flux, les flots de l'Adriatique élèvent le niveau de toute la masse liquide, et la lagune submergée se confond avec la pleine mer.

Le ciel de Venise est l'un des plus purs et des plus salubres de la Péninsule : ces heureuses conditions résultent de la prépondérance, en toute saison, des brises du nord-est mitigeant par leur température plus fraîche l'influence torride des vents du sud et de l'ouest. Ces mêmes brises bienfaisantes du nord-est entretiennent la limpidité et la transparence de l'atmosphère, en poussant les miasmes de la lagune sur le continent, en chassant vers cette direction les vapeurs et les brumes.

Si vous reportez votre pensée sur les conditions que j'ai assignées à l'atmosphère maritime, vous ne serez pas surpris d'apprendre qu'à Venise la température offre plus d'égalité, qu'on n'y rencontre pas de transitions brusques. Les mouvements du thermomètre suivent une marche graduelle pour toutes saisons, et ses oscillations diurnes sont très-faibles.

La moyenne de la température de l'hiver est de 3 cent., et sept années d'observations ont prouvé à Show que la moyenne des jours de neige est de 5,50.

Voici donc les caractéristiques du climat de Venise : 1° Atmosphère calme et habituellement humide, imprégnée des émanations d'iode et de brôme qui s'échappent des algues marines, chargées de particules impalpables de chlorure de sodium (sel marin) ;

2° Température douce et égale ;

3° Ciel limpide et azuré ;

4° Air pur et constamment renouvelé.

En d'autres termes, les conditions météorologiques essentielles de Venise sont :

La douceur, par l'harmonieux concours de l'humidité et de la température ;

L'égalité, par suite de l'espèce de balancement qui se continue pendant la plus grande partie de l'année entre les influences froides et chaudes, grâce à la manière dont s'opère la distribution des vents régnants.

Cette douceur et cette égalité de climat se trouvent en parfaite harmonie avec les nécessités de la vie vénitienne.

Le silence règne au milieu de cette population de 120,000 âmes au caractère mobile, à la sensibilité extrême.

Les rues sont remplacées par des canaux, le sol manque aux chevaux et aux voitures, et la barque des lagunes, cette gondole légendaire, mystérieusement fermée, glisse plus légère et moins bruyante que toutes les embarcations connues.

Ne dirait-on pas que ce véhicule a été inventé pour le valétudinaire, qui, dans sa promenade hygiénique, ne se sent pas marcher mais se sent vivre?

La renommée du climat vénitien comme antiphlogistique et modérateur de l'irritation date des temps héroïques.

Strabon nous apprend que c'est sur les rivages compris entre Ravenne et Aquilée, que les empereurs romains envoyaient les gladiateurs pour y perdre l'excès de sang qui alourdissait leur corps, et devenait pour ces artistes une cause de faiblesse.

Nous classerions volontiers le climat de Venise

dans notre troisième groupe, intermédiaire entre la zone des collines et celle du littoral.

Nous reconnaissons que ses applications thérapeutiques sont aussi nombreuses que variées.

Très-utile, quand il s'agira d'enrayer l'évolution tuberculeuse chez des sujets lymphatiques.

Très-favorable pour modérer l'éréthisme nerveux.

Souverain pour combattre, et ce que nous appelons les susceptibilités des voies aériennes, et les névralgies rhumatismales contractées dans les pays froids.

Le séjour de Venise peut s'étendre du mois d'octobre à la fin de mai.

Le quartier le plus beau, le plus brillant, le plus animé et le plus salutaire comprend la place Saint-Marc, la Piazzetta, la partie du Canal Grande qui s'étend du merveilleux pont du Rialto au quai des Esclavons ; c'est à son extrémité que sort des flots ce délicieux jardin public, oasis de verdure créée en 1810 par des mains françaises.

Avant de quitter Venise, permettez-moi de vous citer ici un fait pratique qui me paraît de nature à mieux préciser cette influence diverse des climats de chaque zone.

En juillet 1861 je donnai des soins aux Eaux-Bonnes à une dame de la Touraine.

Jeune, impressionnable, d'une beauté charmante, douée des qualités d'esprit les plus enviables, riche, mariée depuis deux ans à un magistrat d'avenir qu'elle avait épousé par inclination.

Au revers de la médaille nous trouvons des antécédents héréditaires fâcheux, une fièvre typhoïde antérieure, des rhumes incoercibles l'hiver ; amaigrissement sensible ; respiration saccadée ; toux nerveuse à quintes répétées ; douleurs pleurodyniques ; accélération du pouls.

Après le traitement hydro-thermal des Pyrénées, je conseillai le séjour hivernal du midi.

Au mois de février je trouvai mon intéressante malade installée sur le rivage de Cannes, dans une villa à cinquante pas de la mer.

Effrayé des progrès du mal, n'ayant pu triompher ni de l'insomnie, ni de l'agitation nerveuse ni du découragement moral, je dus reconnaître l'influence fâcheuse de l'atmosphère maritime, et je n'hésitai pas à la faire changer de résidence.

Malheureusement, vu la saison avancée, nous ne trouvâmes pas d'installation convenable dans l'intérieur des collines du Cannet et de Valauris.

En quittant Cannes, sur les instances d'un très-honorable confrère, ami de son mari, madame X... se réfugia à Nice (quartier des Ponchettes).

Lorsque j'arrivai dans la station au mois de mars, je constatai que cette nouvelle résidence, sous l'influence trop directe de l'air marin, n'était pas logique, et, comme l'état général empirait, je n'hésitai pas à faire partir immédiatement le jeune ménage pour Venise.

Après un séjour de trois mois et demi sur la lagune, je la revis à Paris dans un état de santé très-satisfaisant. Des soins intelligents pendant la saison des eaux, des séjours bien appropriés dans le Midi, lorsque sonnait l'heure de l'émigration, ont complétement remis cette santé chancelante : aujourd'hui, à plus de douze ans de date, nous pouvons regarder la guérison comme un fait incontestable.

## ÉGYPTE.

De toutes les contrées orientales de l'Europe, l'Égypte est celle qui réveille naturellement dans vos cœurs les souvenirs les plus variés et les plus sympathiques.

Les Pyramides et l'Obélisque de Louqsor, la mémorable expédition du général Bonaparte et la célèbre cohorte des savants illustres qui suivaient nos légions victorieuses !

Plus près de nous, cette œuvre gigantesque et toute française, le canal de Suez!

Vous connaissez tous la position géographique de l'Égypte, cette grande vallée qu'arrose le Nil, cette bande de terre végétale que traverse le désert.

Pour la peindre en deux mots, écrit Volney, le mélancolique auteur des *Ruines*, qu'on se représente d'un côté une mer étroite et des rochers (la mer Rouge), de l'autre d'immenses plaines de sable (le désert), et, au milieu, un fleuve coulant dans une vallée longue de 150 lieues, large de 3 à 7, lequel fleuve, parvenu à 30 lieues de son embouchure, se divise en deux branches dont les rameaux s'égarent sur un terrain libre d'obstacles et presque sans pente.

Agoub, le savant orientaliste, considérait le Nil comme le premier instituteur des anciens peuples de l'Égypte, parce que ses débordements leur firent découvrir la géométrie et l'astronomie, en les mettant dans la nécessité de rétablir les limites des propriétés confondues par l'inondation, de prévenir et de déterminer les diverses époques de l'année agricole.

L'Égypte n'est donc, à proprement parler, que le lit du Nil, n'existe que par lui, et retournerait au désert s'il venait un jour à se tarir ou à se dévier par l'effet de quelque grand cataclysme.

Les pluies tropicales qui alimentent le Nil (dont les géographes n'ont pas encore trouvé les sources) commencent en Nubie et en Abyssinie dès le mois de mars : à la fin de juin, le fleuve s'élève lentement pendant trois mois en inondant toute la vallée ; vers le solstice d'automne il commence à décroître, et au bout de trois autres mois, il est complétement rentré dans son lit.

Au moment de la pleine inondation, l'Égypte ressemble à une vaste mer du sein de laquelle sortent des villes, des édifices, des chaussées plongées dans une immense nappe rouge qui laisse après elle un limon fécondant.

Ce limon s'étale sur un sol noir et fangeux, dans lequel les fellahs sèment le trèfle, l'orge et le blé, en suivant le retrait des eaux.

Rien n'égale la fraîcheur, la force et l'abondance de la végétation pendant la saison d'hiver. Toute la contrée n'est alors, d'un bout à l'autre, qu'un champ de fleurs, qu'un océan d'épis, sous le ciel le plus uniformément pur qu'il soit possible de rêver.

Cette description (trop minutieuse peut-être) m'a paru cependant indispensable, pour vous faire mieux saisir les conditions météorologiques du pays.

L'Égypte est donc un pays chaud, et par sa latitude, et par son voisinage de l'équateur, et par la disposition du sol.

La rareté des pluies, et la sécheresse qui en résulte, constituent les caractères distinctifs de son climat. Ces phénomènes sont si marqués, qu'Hasselquist pouvait écrire à l'illustre naturaliste Linné : « Que penserez-vous quand je vous dirai qu'il y a des arbres dont l'existence remonte à 600 ans, et sur lesquels il n'est pas tombé six onces d'eau ? »

Grâce aux sages progrès imprimés à l'agriculture par Méhémet-Ali et par les vice-rois ses successeurs, de nombreuses plantations ont été entreprises sur toute la surface du pays, et, de l'aveu des écrivains les plus compétents, les pluies sont devenues bien plus fréquentes.

Parmi les phénomènes météorologiques particuliers à l'Égypte, je citerai, en vous les faisant connaître brièvement, le kamsin et le mirage.

Je vous ai déjà signalé plus haut le rôle important que joue dans la détermination d'un climat son anémologie, c'est-à-dire le régime, la production, la direction et l'intensité des vents.

Sur tout le littoral de l'Afrique septentrionale, pendant que les courants du nord et du nord-est, exercent une influence bienfaisante sur la santé, les courants du sud et du sud-ouest, vents du désert, possèdent le funeste privilége d'être mortels pour les végétaux, et accablants pour l'homme dont ils anéantissent l'énergie morale et physique.

Au mois de mai, quand souffle, pendant plusieurs semaines consécutives, le kamsin ou simoun, vent brûlant, pareil à l'air qui sort d'une fournaise à peine refroidie, vent du sud chargé à la fois et d'une poussière jaune, rougeâtre, fine, pénétrante, et d'une quantité considérable d'électricité libre, les animaux se cachent comme les hommes, l'organisme déprimé s'alourdit, et la nature semble s'endormir dans un silence effrayant.

Le mirage a été parfaitement décrit et expliqué par notre célèbre Monge.

Ce singulier phénomène d'optique, dû à la déviation des rayons lumineux qui traversent l'atmosphère, est produit par la réfraction de la lumière dans des couches d'air d'inégale densité.

Cette différence dans la densité des couches atmosphériques a pour effet immédiat d'éloigner de la normale les rayons qui émanent des objets situés au loin, et qui viennent rencontrer obliquement la couche d'air dont la densité est restée constante.

Par la déviation de ces rayons et par leur incidence, se produisent les images renversées des arbres, des habitations, des éminences; ainsi se trouve reflété l'azur du ciel.

A ce moment la surface de la plaine disparaît pour l'observateur, qui n'a plus devant lui qu'un immense lac dans lequel paraissent se réfléchir les objets lointains, avec leurs contours indécis. Que de fois les vaillants soldats de la République n'ont-ils pas été frappés de ces décevantes illusions!

Lorsque, harassés de fatigue, ils croyaient voir briller devant leurs yeux l'image trompeuse des fraîches oasis et des eaux ruisselantes, ils ne retrouvaient au bout de leur course que l'aridité, la soif et la souffrance.

En dehors du phénomène physique, n'oublions pas que sous cet ardent soleil, dans cette atmosphère embrasée et sur ces plaines blanchâtres, l'imagination s'exalte, et la fièvre s'allume. C'est surtout alors que le regard troublé n'aperçoit plus que des formes fantastiques!

Arrivons à l'influence médicatrice du climat d'Égypte.

De temps immémorial, le séjour sur les bords du Nil pendant la saison tempérée (d'octobre à mars), a passé pour être favorable aux personnes atteintes de consomption pulmonaire.

Pline le Jeune l'avait recommandé avec succès à son affranchi Zozimus frappé d'hémoptysie.

Celse nous a laissé dans ses écrits des preuves nombreuses de cette efficacité souveraine.

Des auteurs modernes et des médecins honorables (de nationalités diverses), Larrey, Pruner, Reil, Bullmann, Uhle, Prus, Griesinger, Isambert, Burguières, ont admis cette thèse avec plus ou moins de restrictions.

« Les Européens suspects de quelque affection tuberculeuse, dit Pruner-Bey, perdent entièrement cette disposition par un séjour prolongé dans le pays. »

Le professeur Reyer affirme que le climat peut être supporté par les tuberculeux qui viennent du Nord.

« Il est préférable à tous les climats qu'on pourrait leur conseiller.

« L'influence bienfaisante est plus marquée dans les premiers degrés de la maladie.

« Les tuberculeux avancés n'ont rien à attendre de ce climat qui dans certains cas hâterait leur fin. »

En 1863 le docteur Schnepp, médecin sanitaire à Alexandrie, s'est inscrit hardiment contre cet optimisme général, en proscrivant d'une manière absolue ce climat légendaire.

Le docteur Schnepp a publié deux ouvrages volumineux sur l'Égypte, l'Afrique septentrionale, l'Italie et la France.

Dans ces publications postérieures à mes rapports officiels sur les climats d'Alger et du Midi de la France, l'auteur, tout en utilisant les résultats de mes recherches, a trouvé moyen de ne pas prononcer une seule fois mon nom.

En discutant aujourd'hui les opinions erronées que M. Schnepp a soutenues à propos du climat d'Égypte, j'oublierai volontiers ce déni de justice, pour ne me souvenir que de sa fin prématurée.

Jeune encore, ce laborieux confrère, vice-consul de France à Djeddah, sur la mer Rouge, est mort, loin de la patrie, frappé par le choléra, sur notre champ d'honneur des épidémies.

Je cite d'abord textuellement quelques extraits de ses livres :

« Cette question si simple du choix d'un climat que tout médecin breveté ou même non breveté résout si aisément en présence d'un malade, est cependant assez complexe, et même, après avoir parcouru un grand nombre de pays, après avoir étudié comparativement les localités les plus recherchées, nous nous trouvons encore embarrassé pour conclure. »

« En nous basant, poursuit-il, d'une part, sur les conditions climatériques de l'Égypte, de l'autre sur les données de l'observation pathologique, nous formulons et posons en principe cette proposition :

« Dès que votre malade montre des signes non équivoques de la tuberculisation, gardez-vous de l'envoyer en Égypte.

« Les cures merveilleuses dont on a fait tant de bruit ne peuvent s'expliquer que par erreurs de diagnostic.

« La phthisie sévit en Égypte dans la population indigène, elle fait des ravages effrayants parmi les étrangers. »

Permettez-moi de combattre ces assertions. Je crois avoir nettement établi les conditions d'étude nécessaires pour surmonter les difficultés que présentent ces recherches, et pour formuler un jugement logique, en donnant aux valétudinaires des conseils efficaces.

La deuxième proposition du docteur Schnepp est trop absolue.

Tout en reconnaissant que les pays chauds, envisagés dans leur ensemble, exercent une influence fâcheuse sur la marche de la Phthisie et en accélèrent le cours, je fais observer que ce sont surtout les pays chauds, situés sous la zone torride, qui jouissent de cette triste prérogative.

A mesure que l'on se rapproche de la zone tempérée, il s'opère des modifications notables dans les principaux éléments morbides.

La maladie marche moins vite en Algérie que sous l'Équateur; la désorganisation pulmonaire est moins rapide sur le littoral provençal que sur les côtes d'Afrique.

La méthode qui consiste à rechercher si la Phthisie est plus ou moins fréquente dans un pays, pour juger de l'efficacité de son climat dans des affections congénères, est complétement erronée, en opposition formelle avec les faits cliniques de tous les jours.

La maladie peut faire des ravages sur les populations indigènes du Caire et d'Alger, et cependant ces séjours peuvent être favorablement utilisés pour les immigrants venus du nord de l'Europe.

La Phthisis *florida* à marche galopante est très-répandue sur le littoral de la Méditerranée à Nice, à Menton, à Ajaccio.

Je l'ai observée chez les Israélites indigènes d'Alger, chez les nègres du Soudan, chez les prisonniers arabes détenus à El-Arach, internés plus tard dans les prisons de Toulon et de Nîmes; et cependant personne ne peut contester aujourd'hui la valeur thérapeutique de ces stations hivernales.

Sans entrer dans l'étiologie (recherche des causes) de cette terrible maladie qui décime l'humanité (et qui n'est pourtant pas incurable), il faut dans ces circonstances rechercher avec soin toutes les conditions inhérentes aux climats, et les modalités nombreuses qu'apportent dans l'organisme, les habitudes, l'existence matérielle, la civilisation.

Je ne puis, en vérité, faire aux auteurs qui ont vanté le climat d'Égypte, et qui portent des noms honorés dans la science, l'injure de croire qu'ils ont toujours commis les erreurs de diagnostic dont parle M. Schnepp.

A quelles localités de l'Égypte doit-on donner la préférence?

Le climat d'Alexandrie, comme celui de tout le Delta du Nil, ne peut convenir aux santés délicates, et aux valétudinaires atteints de lésions des voies respiratoires, à cause des inconstances atmosphériques et de la violence des vents.

C'est sur la capitale de l'Égypte qu'il faut diriger l'émigration européenne.

Le Caire, l'une des villes les plus curieuses de l'Orient, située à l'ouest de la dernière ramification du Mokattam, à vingt-deux kilomètres du Delta du Nil, est bâtie au pied de la montagne et s'élève en pente douce jusqu'à la citadelle.

Les quartiers de la ville sont formés par une quantité de maisons entassées les unes sur les autres, et sillonnés en tous sens de traverses, d'impasses et de ruelles.

En général, l'aération, la propreté et la salubrité laissent beaucoup à désirer.

Dans les quartiers de Bab el Foutuh et de Bab el Hadid, situés au nord de la ville, où l'air vivifiant et embaumé arrive sans obstacles, les valétudinaires trouveront des habitations très-confortables.

Les environs du Caire, tels que les plantations d'Ibrahim Pacha, de Boulak, de Choubra, du vieux Caire, de l'île de Rhodes et d'Héliopolis doivent être pour le malade le but de promenades aussi agréables qu'intéressantes et salutaires.

Les conditions d'installation matérielle les plus favorables (mais malheureusement les moins abordables pour les petites fortunes) se réalisent dans le séjour prolongé sur le Nil, dans ces habitations flottantes qui se déplacent non pas précisément au gré des vents, mais d'après la connaissance bien étudiée des conditions locales de température et d'hygrométrie.

Je suis heureux de terminer ce chapitre par une citation d'un juge très-compétent, le docteur Willemin, qui fut l'un de nos médecins sanitaires les plus distingués.

« Vous voguez librement, sans soucis sérieux, sur ce magnifique fleuve (le Nil), dans une atmosphère d'une indicible pureté, avec un soleil presque constant; que si les soirées sont fraîches, si les matinées sont voilées par quelque peu de brouillards, il est facile de se garantir de ces inconvénients, et les jours suivants se passent paisiblement pendant cette longue navigation qu'interrompt souvent l'admiration pour les merveilles encore debout de l'ancien monde des Pharaons. »

## MADÈRE.

L'île de Madère (la fleur de l'Océan, la reine de l'Atlantique des Portugais) est située sur la côte occidentale d'Afrique à 690 kilomètres du continent, non loin du tropique du Cancer, par 12° 37′ de longitude O. et 32° 45 latitude N.

Le docteur Gigot Suard, qui a publié un guide pratique très-instructif sur les régions du globe les plus propices à la guérison des maladies chroniques, reconnaît que le Portugal possède la première de toutes les stations médicales connues jusqu'à ce jour.

Pour lui, Madère est une délicieuse résidence, où la grâce et la majestueuse beauté des paysages s'ajoutent à la suavité du climat.

« Quand nous voyons, écrit Macaulay, au milieu des scènes les plus agrestes, des paysages d'une grâce et d'une beauté infinies, joints à un climat proverbialement le meilleur du monde, l'enthousiasme avec lequel certains voyageurs parlent de l'île de Madère, ne nous étonne plus. »

Complétons cet exorde par une charmante pensée de Bowdich.

« Si la belle description qu'a faite Homère de l'île de Corcyre, où un fruit succède à un autre, une fleur à une autre fleur, avec une variété riche et infinie, est applicable à une île moderne, c'est à Madère. »

L'habitant du Nord qui, fuyant en hiver le climat inhospitalier de sa patrie, abordera pour la première fois à Funchal, la capitale du petit archipel, ne pourra donc se défendre d'un sentiment de douce surprise et d'admiration.

La ville se dessine dans un vaste hémicycle, et ses habitations gracieuses et modestes s'élèvent en amphithéâtre à plus de 200 pieds au-dessus du niveau de la mer, sur le versant méridional de la Cordillère qui de l'est à l'ouest court dans l'île, atteignant sur le pic du *Ruivo* une hauteur de 2,000 mètres.

Ce gracieux tableau, en ravissant tout d'abord le valétudinaire, réveille en lui l'espérance, et lui fait pressentir les effets salutaires d'un séjour sur cette terre fortunée.

Comme le professe le docteur Carrière, et comme je l'ai écrit autrefois, la beauté et la variété des lieux où le valétudinaire va chercher la santé, ont une influence d'autant plus précieuse, que dans toutes les affections chroniques, où l'organe s'altère lentement et sans secousses apparentes, l'âme est disposée à la rêverie.

Le calme et la satisfaction de la vie extérieure réagissent de la manière la plus favorable sur la vie intérieure ou végétative, et s'il peut éloigner de son esprit toute préoccupation, le malade ne se trouve pas étranger, loin du foyer où l'entourait l'affectueuse protection de la famille.

L'orientation de Funchal vers le sud, le sud-est et le sud-ouest est éminemment avantageuse pour sa salubrité.

Son atmosphère maritime n'est imprégnée ni d'émanations délétères ni d'effluves miasmatiques, et grâce à la nature d'un sol essentiellement volcanique, elle n'est jamais chargée de cette poussière irritante et impalpable qui, en Égypte comme en Algérie, engendre les ophthalmies les plus rebelles.

Il est facile de prouver que le climat de Madère est doux, tempéré, uniforme.

La température moyenne annuelle de l'île se

trouve plus élevée de 5 degrés que celle de l'Italie centrale.

L'hiver (16 cent.) est de 20 cent. plus chaud que celui de Londres, tandis que l'été (27 cent.) ne présente qu'une différence en plus de 7 degrés centigrades. Ce qui est remarquable, c'est la manière dont la chaleur se trouve répartie pendant toute l'année.

La différence moyenne de la température dans la succession des mois est de 2°,41, tandis qu'à Rome elle s'élève à 4°,39; à Nice, 4°,74; à Pise, 5°,75.

Notons aussi une progression plus uniforme de la température pendant chaque jour : la moyenne des variations de température d'un jour à l'autre se réduit en effet à 1°; à Rome, elle atteint le chiffre 3°.

On ne compte que 75 jours pluvieux dans l'année, et les pluies arrivent régulièrement en automne.

La gelée est inconnue à Funchal.

Les faibles brises de terre et de mer ne produisent pas de trop fortes sensations de froid, et le sirocco ou simoun qui apparaît deux ou trois fois par an, n'y a qu'une courte durée.

L'île de Madère, chaude en hiver, fraîche en été,

offre donc le moins de différence entre la température du jour et celle de la nuit, entre les jours qui se succèdent, entre une saison et une autre.

Cette fixité du temps, cette pureté d'atmosphère, ces conditions heureuses de thermalité et d'anémologie, justifient amplement sa légitime renommée.

Et cependant, comme la sentence, *et tradidit mundum disputationibus*, et il livra le monde à la controverse, sera éternellement vraie, nous allons voir des médecins très-instruits et très-honorables, les docteurs Burgess, Gourlay, Heineken, Mason, nier d'une manière péremptoire cette efficacité du climat de Madère que je m'efforce de vous démontrer.

Leur principal argument, c'est l'existence de cas de Phthisie dans la population indigène, cas beaucoup plus fréquents que ne l'avaient pensé les praticiens portugais.

A propos de l'Egypte, j'ai déjà reconnu le peu de valeur de pareilles appréciations; j'ajoute que la classe pauvre de l'île, celle qui est la plus éprouvée, se trouve dans les conditions de la plus affreuse misère, et la misère, vous le savez tous, prédispose à toutes sortes d'affections, principalement à celles des voies respiratoires.

Je ne puis discuter ici l'opinion du docteur Burgess, parce que, trop absolue, elle tend à nier les principes mêmes de la climatologie.

Il reconnaît la salubrité de Madère et la douceur de sa température, mais pour lui un air chaud, des rayons de soleil, une végétation luxuriante, ne forment pas des preuves directes de la salubrité d'un pays, de l'efficacité de son climat.

Le Dr Gourlay s'exprime en ces termes : « La salubrité du climat de l'île si hautement proclamée, est attribuée à l'uniformité de sa température ; une succession régulière de brises de terre et de mer rafraîchissent et purifient son atmosphère....... »

« Là où il existe une pareille uniformité de température, combinée avec la pureté de l'atmosphère, et là où une agréable variété constitue le climat, on conçoit que les inconvénients des saisons doivent être inconnus, que l'on n'est pas molesté par les chaleurs excessives de l'été ni par les froids de l'hiver.

« Cette agréable peinture ne se réalise pourtant pas à Madère, et quoiqu'on dise généralement que le printemps et l'automne composent toute l'année, il faut avouer que dans les mois de juillet, août et septembre la chaleur devient excessive et intolérable, et que dans une ou deux occasions l'hiver s'est distingué par d'horribles ouragans, et des vents frais qui ont fait chasser les vaisseaux sur leurs ancres.

« Seulement à Madère, ajoute le Dr Gourlay, ces malheureux phthisiques trompent l'hiver de leurs propres climats, et gagnent la cessation de ces souffrances, qu'un temps froid ferait naître dans leur état. »

Prenons acte de ces paroles, sans nous préoccuper des perturbations accidentelles des éléments.

N'est-ce pas un fait très-important que ce soulagement reconnu l'hiver, et tous les hygiénistes ne s'accordent-ils pas à conseiller pour l'été un séjour plus frais sous une autre latitude ?

Le Dr Heineken, malgré son opposition, reconnaît que la température de l'île est plus égale que celle des autres *sanitariums* analogues ; que les pluies sont souvent violentes et tropicales, mais toujours périodiques et circonscrites à une époque déterminée.

Le Dr Mason, dans un ouvrage qui a eu beaucoup de retentissement en Angleterre, veut prouver aux résidents, « d'une manière satisfaisante et philosophique » : 1° que le climat de Madère est humide ; 2° que les instruments physiques démontrent ce que les malades ne ressentent pas tout d'abord.

Parmi les objections adressées à l'auteur par ses compatriotes, je me borne à signaler les suivantes.

Les divers instruments dont s'est servi M. Mason ne possédaient ni la précision ni le contrôle désirables.

Les observations météorologiques n'ont pas été recueillies avec un soin assez minutieux, son séjour dans l'île n'a pas été assez prolongé.

Ses expériences ont été faites à Santa Lucia, sur un seul point de la Cordillière, situé à une assez grande hauteur au-dessus du niveau de la mer.

Un gentleman anglais, peu médecin mais très-bon observateur, malade depuis plusieurs années de la poitrine, et s'étant parfaitement trouvé du climat de Madère, vient d'apparaître dans la lice en défenseur convaincu.

Pour M. Bloxam, le séjour de Madère est très-efficace dans certains cas ; pour les préciser, il faut savoir :

1° Si un climat donné peut être utile à une maladie donnée.

2° S'il est profitable d'envoyer tel individu dans une station hivernale déterminée.

La première question, dit M. Bloxam, en appliquant ces principes à l'espèce présente, ne peut être résolue que par les praticiens du pays.

La deuxième rentre dans la compétence des médecins d'Angleterre.

Vous reconnaîtrez facilement l'analogie de ces idées avec celles que j'ai émises depuis longtemps, que j'ai exposées en commençant cette conférence, à savoir les meilleures conditions : pour établir un diagnostic précis de la forme pathologique ; pour fixer et formuler un choix intelligent et logique de la station hivernale.

M. Bloxam termine sa brochure par ces réflexions très-sensées :

« Dans le cours de quelques générations, le corps humain s'acclimate à une contrée, et toujours le climat où l'individu et ses ancêtres ont vécu se trouve le mieux adapté à son organisation normale.

Pour l'état de maladie, c'est à l'observation clinique seule qu'appartient la possibilité d'indiquer les limites de la règle et celles de l'exception. »

De tout ce qui précède, nous pouvons conclure que le climat de Madère peut successivement :

1° Exercer une action sédative sur les appareils de la sensibilité et de l'innervation ;

2° Activer et régulariser les fonctions plastiques de l'organisme.

Les valétudinaires, à forme éréthique, s'installeront de préférence dans les quartiers situés à l'est de Funchal. Cette région, plus abritée des vents du Nord, jouit d'une atmosphère plus calme, plus douce, plus imprégnée d'humidité, à cause de la richesse de la végétation et de l'abondance des eaux courantes.

Le départ pour l'île de Madère par les lignes anglaises de Southampton faisant escale à Lisbonne, doit s'effectuer dans la première quinzaine de septembre, afin d'éviter les tempêtes de l'équinoxe, et pour se trouver convenablement installé avant l'apparition des pluies d'automne.

## CONCLUSIONS.

En arrivant à la fin de la tâche que je me suis tracée, je crois utile de résumer cette longue étude en quelques conclusions finales;

1° La France a l'immense avantage de réunir toutes les variétés des climats tempérés de l'Europe, dont les types (insulaires, littoraux, continentaux) existent dans les pays voisins (Angleterre, Italie, Allemagne).

C'est là, je le répète avec bonheur, la cause la plus réelle de sa richesse, c'est le secret de sa puissance.

2° Au point de vue thérapeutique, c'est-à-dire de l'influence médicatrice des climats du midi sur les maladies nerveuses, et les affections chroniques des voies respiratoires, notre pays possède toutes les nuances désirables de conditions climatoriales (zone marine ou du littoral; zone des collines; zone mixte ou intermédiaire).

3° Dans aucune circonstance, et sous aucun prétexte, la France ne doit redouter une concurrence étrangère, car elle offre à ses enfants toutes les ressources indispensables pour la conservation et le libre exercice de ce bien suprême, la santé.

Puissent ces considérations, Mesdames et Messieurs, ramener vos esprits vers une pensée de reconnaissance et d'admiration pour la Providence, et vous faire reconnaître une fois de plus

QUE DIEU PROTÉGE LA FRANCE.

# APPENDICE

## RENSEIGNEMENTS, CONSEILS AUX VALÉTUDINAIRES

---

### AJACCIO

Ajaccio, chef-lieu de préfecture, place de guerre de deuxième classe, siége d'un évêché, résidence d'un général de brigade, à 1,089 kilomètres S.-E. de Paris, se trouve (par bateaux à vapeur) à 18 heures de mer de Marseille, à 12 heures de Nice (1)..

Les personnes qui redoutent le mal de mer prendront de préférence la route par Livourne et Bastia ; la traversée ne dure que quatre heures, et l'on a de plus l'agrément de traverser toute l'île en admirant ses belles forêts, ses paysages tour à tour agrestes, riants et splendides.

« Nulle part en Italie, écrivait Ottavi, en parlant

(1) Départ de Marseille pour Ajaccio :
Chaque mercredi soir à 5 heures (courrier de Tunis).
Chaque vendredi matin à 9 heures (courrier de la Corse).

du golfe d'Ajaccio, la lumière ne verse sur l'horizon des teintes plus magnifiques; nulle part les vaisseaux ne trouvent une bienvenue plus insistante. Un amphithéâtre circulaire de montagnes granitiques et élevées, aux lignes sévères, borne son horizon; on y arrive par une succession de collines gracieusement étagées de la plage sablonneuse que le flot nivelle, aux sommets abrupts qui gardent dans leurs ravins des neiges éternelles. »

Les souvenirs historiques, les distractions intellectuelles, les promenades et les excursions ne manquent pas au touriste et au valétudinaire dans la patrie de Napoléon Ier.

Le volume que j'ai publié sur LA CORSE et LA STATION D'AJACCIO, les mémoires que j'ai lus à l'Académie des sciences et à l'Académie de médecine, ont eu l'heureuse fortune de faire connaître et classer, d'une manière scientifique, cette importante station d'hiver.

Faute d'espace je ne puis que résumer ici, au courant de la plume, les principaux détails du chapitre consacré aux renseignements.

— La *Citadelle* élevée par le maréchal de Thermes sous Henri II, par la grâce de Dieu, roi de France et seigneur de l'île de Corse.

— La *Cathédrale* (à l'architecture italienne du seizième siècle) construite par un Vicaire apostolique de Grégoire XIII.

— La *Maison Bonaparte*, berceau de la famille impériale sur la place Lœtizia.

— Le *Grand Établissement*, que le cardinal Fesch voulait affecter à l'installation d'un couvent de Passionnistes, comprend aujourd'hui : le Collége communal ; la Bibliothèque (curieux manuscrits) ; le Musée (tableaux et sculptures provenant des galeries du Cardinal) ; la chapelle où repose la *Mater regum*.

— Les grand et petit Séminaires.

— Les Pénitenciers agricoles de *Castelluccio* et de *Chiavari*.

Les Écoles normales supérieures des garçons et des filles.

La *Pépinière*, véritable succursale du Jardin d'acclimatation de Paris, avec sa flore variée et brillante.

— Le théâtre Gabriel (opéra italien).

Les étrangers sont reçus avec empressement dans les deux cercles de la ville (*Bonaparte* et *Ajaccien*). Ils y trouvent des journaux, des livres nouveaux, un restaurant, une salle de billard, ressources tendant à rendre le temps plus court et les journées plus agréables à passer.

Les promenades, qui occupent toujours une si large place dans la journée du malade, sont aussi nombreuses que variées.

La place du *Diamant*, située au centre de la ville, et dont la vue s'étend sur le golfe se prolongeant en une délicieuse promenade, le boulevard *Lantivy*, le long de la mer jusqu'à la place *Miot*, la chapelle des *Grecs*, la villa *Mariani* et les îles des *Sanguinaires*. Le cours *Grandval* avec ses confortables et gracieux cottages (*Valery*, *Peraldi*) aboutissant à la grotte que, d'après la légende, le jeune Napoléon avait adoptée pour cabinet d'étude. Le cours *Napoléon*, qui traverse la ville dans toute sa longueur, bordé d'orangers aux parfums délicieux, se continue par la route départementale de Corte et Bastia.

Tous les environs d'Ajaccio offrent aux valétudinaires pour les excursions à pied, à cheval et en voiture, les sites les mieux abrités et les plus pittoresques, au milieu d'une végétation splendide.

Personne n'ignore que la multiplicité des plantes sur un point donné du globe concorde avec la fécondité de son terrain.

La salubrité d'un pays se déduit avec raison de l'épanouissement des produits des contrées les plus privilégiées, pendant que la présence de certaines plantes tropicales démontre la douceur de son climat.

Parmi ces dernières, rappelons le palmier, l'ananas, le bananier, la canne à sucre, le coton, le tabac. Les orangers, les citronniers, les mandarines, les cédratiers avec toutes leurs variétés, sont cultivés en plein air et en plein champ, et ces arbres charmants sont le plus souvent couverts à la fois de fleurs et de fruits. L'olivier atteint sur les collines des dimensions considérables.

Les coteaux sont couverts de vignobles renommés, et le raisin *brustiana* rivalise avec le chasselas de Fontainebleau.

Les personnes délicates et souffreteuses ne doivent pas négliger les promenades sur mer.

Le magnifique golfe, avec ses innombrables sinuosités, se prête admirablement à ces bains d'air vivifiant; quand l'aviron frappe la vague, il s'élève autour de la petite embarcation une quantité considérable de poussière fine d'eau salée, qui reproduit les conditions d'une véritable salle de pulvérisation.

C'est vers la fin de septembre et dans les premiers jours d'octobre que l'on peut se diriger sur la Corse. Les valétudinaires qui ont séjourné l'été dans les stations thermales des Pyrénées et des Vosges trouveront déjà à ce moment une campagne souriante sous les premières ondées des pluies d'automne (1).

Il existe dans la ville de bons hôtels, de charmants cottages meublés avec luxe et confort ; des maisons de campagne proprettes et modestes ; des appartements garnis, et des chambres meublées ; le tout à des prix moins élevés que dans les stations provençales.

Hôtel de *France* sur la place du Diamant avec vue sur la mer et sur le port (prix moyen de 7 à 10 francs par jour).

Hôtel *Germania* sur le cours Grandval exposé au midi et fréquenté par la colonie étrangère (pension soignée à 150 francs par mois).

Hôtels *Solferino*, d'*Europe* et de *Londres* sur le cours Napoléon.

Villas *Maintenon*, *D'Amico*, *Farinacce*, *Beverini* et *Costa* dans la vallée de *Candia*.

(1) Médecins : — Caparelli, — Peri, — Frasseto, — Casalonga, — Versini, — Giustiniani, etc.

Les ressources matérielles sont assurées par deux marchés approvisionnés de viande de boucherie (en général maigre, mais savoureuse); d'excellent gibier (perdrix et merles); de poissons délicats et de langoustes renommées; de légumes, de fruits, de délicieuses oranges (jardins de *Barbicaia* et des *Barraques*). Les vins, trop alcooliques d'ordinaire, deviennent très-bons quand ils ont un peu vieilli (*Campi*, *Landry*, *Frasseto*, *Martinenghi*, *Lévie*).

Parmi les produits spéciaux au pays, citons les pâtés de merles de Guidon; l'élixir de myrte de Bonnet; le *Broccio*, espèce de fromage blanc très-délicat.

## ALGER

Alger est à 1,644 kilomètres de Paris; à 800 kilomètres de Marseille; à 410 kilomètres à l'Est d'Oran; à 422 kilomètres à l'Ouost de Constantine.

« Vu de la haute mer, dit Shaler, Alger paraît dans sa forme et sa couleur comme une voile de perroquet étendue sur un champ de verdure.

« Lorsque l'on arrive dans le port, l'ensemble du panorama de la ville avec son ciel, sa rade, son horizon de plaines et de collines, offre l'un des spectacles naturels les plus magnifiques. » (Ed. Carey.)

L'échancrure circulaire qui constitue la baie se termine à gauche à la *pointe Pescate*, à droite au *cap Matifou*.

La vieille cité n'offre aucune ressource pour le séjour des malades; on en trouve peu dans les maisons modernes de l'intérieur de la ville, si l'on excepte les bons hôtels de la place du *Gouvernement* et du boulevard de l'*Impératrice*. Comme c'est en dehors des vieux remparts que se trouvent les installations les plus convenables, nous allons insister sur la description des environs d'Alger.

En sortant par la porte *Bab-el-Oued*, on trouve le jardin *Marengo* et ses frais ombrages; l'*Oasis* des anciens Deys; les délicieux coteaux du *Point du Jour* et du *Frais Vallon;* les sauvages beautés de la *Bouzaréah* s'élevant comme un îlot pyramidal au-dessus de la vieille ville, « pics fauves, dit E. Feydeau, bouleversés les uns sur les autres; aspect où le gracieux se marie au terrible; la vallée *des Consuls;* dans ces gorges cachées sous le feuillage, au milieu de spacieux jardins où l'eau serpente partout, où la nature est libre dans ses caprices, sont parsemées les maisonnettes qui servent de refuge aux Maures aisés.

Au bas, parmi des roches brunes, sur une falaise escarpée et baignée par la mer, s'allongent les maisons françaises et les cottages de SAINT-EUGÈNE.

Il est difficile de trouver un site africain ayant un plus riant aspect et une température plus douce et plus salubre. C'est là qu'est le vrai paradis des malades algériens auxquels conviennent les brises de la zone maritime.

Au delà du village, par un chemin des plus accidentés, borné à droite par les flots bleus de la Méditerranée, à gauche par de hauts coteaux à pentes douces, aux versants à demi boisés, aux jardins remplis de verdure et de fleurs, la pittoresque promenade de la *Pointe Pescate.*

Si l'on prend pour but de promenade la partie opposée, après avoir traversé les faubourgs d'*Isly* et de *Babazoun*, on rencontre le long du littoral les villages populeux de l'*Agha;* du terrain de *manœuvres;* de *Mustapha;* puis le *Jardin d'essai* avec ses 4,000 variétés de plantes tropicales et luxuriantes; *Hussein-Dey*, entrepôt important pour la récolte du tabac; le *Hamma* et ses jardins maraîchers (riches en primeurs); la *maison carrée* d'où l'on domine la célèbre et fertile plaine de la *Mitidja.*

En se dirigeant vers la zone supérieure des coteaux, on aperçoit le fameux *fort de l'Empereur* et les colonies délicieuses d'EL-BIAR et de MUSTAPHA SUPÉRIEUR.

Sur le plateau d'*El-Biar* s'ouvre sous les yeux un horizon immense, où la beauté des lignes fait valoir les riches teintes du décor.

Les coteaux et vallons de MUSTAPHA descendent à l'orient de la ville par une succession de rampes douces, où la brise levée avec le soleil court perpétuellement sous les feuilles. Sur leurs flancs sillonnés de routes en spirales verdoient des bosquets capricieusement disposés, au milieu desquels apparaissent de nombreuses villas, de confortables maisons d'habitations, des *family hôtel.*

Au delà de la colonne *Voirol* les panoramas les plus variés se déroulent devant les yeux du touriste : *Staouëli* et ses laborieux trappistes ; *Chéragas* et ses odorantes plantations de géraniums; à l'horizon le tombeau de la *Chrétienne*, et la pointe de *Sidi-Ferruch* où fut planté en 1830 le drapeau de la France.

C'est à la mi-octobre que le médecin doit fixer

le moment du départ pour l'Algérie ; les vents du sud ont alors cessé, et les premières pluies en rafraîchissant l'atmosphère ont ranimé la verdure des champs.

Le choix de l'habitation sera déterminé par la forme des affections morbides : aux malades *torpides*, l'air vif de l'atmosphère maritime de SAINT-EUGÈNE ; aux valétudinaires *éréthiques* nerveux et fébricitants, les collines de MUSTAPHA. Il faut proscrire d'une manière absolue le séjour du *Frais-Vallon*, de la vallée des *Consuls*, de la *Bouzaréah*.

Il est indispensable de se couvrir constamment de flanelle, et d'avoir toujours à sa portée des vêtements supplémentaires (paletot, plaid).

Les heures d'exercice les plus favorables sont celles comprises entre 10 heures du matin et 3 heures de l'après-midi ; vers 4 heures, lorsque le soleil commence à disparaître derrière les collines du *Sahel*, il survient des variations notables de température dont on doit se défier.

Pendant les premières semaines de séjour, il importe de s'imposer une certaine sobriété et de résister aux exagérations de l'appétit.

## ARCACHON

Des trains nombreux de chemin de fer relient, après un parcours d'une demi-heure, la station d'Arcachon, aux grandes lignes de Bordeaux à Paris; de Bordeaux à Bayonne et Pau; de Bordeaux à Toulouse et Marseille.

La population fixe est de 3,500 habitants; les étrangers en résidence d'hiver sont au nombre de 500 ; pendant l'été la population des baigneurs s'élève à 6,000.

Ces chiffres démontrent avec éloquence que la ville d'Arcachon est en même temps une station d'hiver importante, et une station de bains de mer des plus fréquentés.

La zone de la plage sur les bords du bassin est recherchée l'été, parce qu'elle est plus commode pour le bain, que l'air en est toujours frais et tonique, et aussi parce que les enfants abandonnés à eux-mêmes sur le sable baigné par l'eau salée sont toujours sous les yeux de leurs parents.

La zone de la forêt est réservée aux hivernants : la température sous les grands pins toujours verts n'est jamais très-froide, et le vent est arrêté par les grandes dunes couvertes de végétation.

La région intermédiaire aux zones de la plage et de la forêt répond à des indications diverses qui ne peuvent être appréciées que par les médecins de la localité (1).

Ces heureuses conditions, l'extension nouvelle des grandes pêcheries et de la culture huîtrière, ont activé le développement déjà si rapide d'Arcachon.

Le confortable des installations a suivi le même progrès, aussi la station est-elle amplement pourvue de toutes les choses nécessaires aux touristes, aux baigneurs et aux hivernants.

Le *Grand Hôtel*, bâti sur la plage, et très-heureusement emménagé est ouvert toute l'année (2). Des hôtels de famille *Family Houses*, propres et coquets, reçoivent de trois à cinq familles, se retrouvant le soir dans un salon commun (3).

Des villas charmantes *aux chalets rustiques, et variés* sont éparses dans la forêt : assez voisines les unes des autres pour rompre la solitude, elles sont assez bien séparées, par leurs délicieux petits

(1) Docteur Hameau, médecin inspecteur. Docteurs Rougier et Bounal.

(2) Prix moyen pour logement et nourriture d'une personne, 8 à 12 francs par jour.

(3) Prix moyen de 6 à 10 francs par jour.

jardins, pour jouir du calme auquel invitent et l'atmosphère résineuse et la perpétuelle verdure.

C'est dans les mois de novembre, décembre, et surtout en janvier, que les malades arrivent dans la forêt. Beaucoup d'entre eux, après avoir passé dans un climat plus chaud cette première période de l'hiver, se rendent à Arcachon pendant la seconde pour jouir du printemps, l'époque de la floraison des pins et de leurs plus actives exhalaisons.

Une agence de location très-consciencieusement dirigée par MM. *Béchade et Brannens* (1) fournit *gratuitement* tous renseignements désirables sur la location des chalets, villas, appartements de la plage et de la forêt.

Rien ne manque aux approvisionnements de la ville, dont le marché est toujours abondamment pourvu des comestibles les plus variés.

Grâce au forage d'un puits artésien, toute la ville est alimentée avec abondance par une eau d'excellente qualité.

Distractions : *Casino Mauresque ; Cercle International ; Théâtre Deganne ; Musée Aquarium* de la Société scientifique.

Buts d'excursion en bateaux, par voitures ou à

(1) 276 boulevard de la plage.

cheval : *Parc aux Huîtres ; Iles des Oiseaux ; le Phare ; le Lac de Cazeau ;* la vieille forêt de la *Teste ;* l'usine à papier de la *Hume ;* visite à *Notre-Dame d'Arcachon.*

L'église, dont l'élégante flèche domine la forêt et la baie, n'est que l'annexe d'une petite chapelle aux peintures naïves qui fut au seizième siècle l'oratoire de Thomas Illyricus, un éloquent cordelier, fondateur de ce pèlerinage renommé.

Les pèlerins du petit sanctuaire étaient, jusqu'à ces derniers temps, les marins de la côte, et les résiniers vivant dans les bois pour récolter la résine obtenue au moyen d'incisions pratiquées sur l'écorce et les premières couches du pin maritime. Ces produits bruts sont ensuite transformés, dans les usines à vapeur de la Teste, en térébenthine, essence, brai et colophane.

## CANNES

Le voyage de Paris à Cannes s'exécute en vingt-deux heures ; on prend à Paris le train *rapide* du soir pour arriver à destination à 5 heures 25' après avoir traversé Lyon et Marseille : autant que possible il vaut mieux effectuer ce trajet sans arrêt; mais les valétudinaires trop affaiblis auront soin

8

de prendre de préférence l'express du matin (11 heures) et de s'arrêter en route avant la nuit, pour repartir après le lever du soleil.

Il faut arriver à Cannes au mois d'octobre et y prolonger son séjour jusqu'à la fin de mai.

Ce qui a fait la fortune de Cannes, c'est que là plus qu'ailleurs, s'est vérifié ce fait capital de l'émigration s'installant, à poste fixe, dans les lieux où elle avait retrouvé la santé et la vie.

« Cannes, écrit avec raison mon savant confrère et ami le docteur Buttura, c'est la campagne verdoyante l'hiver; c'est le soleil; les bois de pins, de myrtes, de chênes verts, d'oliviers; c'est la Méditerranée et ses splendeurs, c'est tout l'hiver un parterre de fleurs. »

Les premières habitations de Cannes commencent à la Bocca, à 3 kilomètres Ouest de la ville : sur les bords de la mer s'échelonnent le charmant château de M. de *Rozière*, les villas *Courmont*, *Fould*, *Turcas*, *Grandval*, *Duc des Cars*, *Valton*, *Prince de Montmorency-Luxembourg*, *Woolfieds*, *Victoria*.

Sur le versant des collines s'étagent les villas *Sainte-Marguerite*, *Allegria*, *Leader*, *Reine-Marie*, *Éléonor-Louise*, où résidait lord Brougham, et le château hospitalier des *Tours*, habitation princière des très-sympathiques duc et duchesse de Vallombrosa. On arrive au *Port*, et l'on traverse la *Marine*, belle promenade en train de se transformer en square élégant. De la Marine à la pointe de la *Croisette* s'allonge le boulevard de l'*Impératrice* bordé d'excellents hôtels et de confortables habitations.

Entre le boulevard et la route Impériale, s'élèvent les villas *Alexandra*, *Léonie*, *Alba* et *Julia*; plus au Nord, l'excellente vallée des Vallergues, et les agréables résidences de la comtesse d'*Oxford*, des *Bois de Pins* et *Mont-fleury*.

Cannes possède de bons hôtels (1); des pensions très-confortables; quelques appartements convenables, et une infinité d'excellentes villas: les prix, d'ailleurs assez élevés, varient suivant la position, le luxe et le confort de l'habitation.

Il est indispensable pour s'éviter des ennuis, de faire faire ces locations par des agents spéciaux qui se mettent en votre lieu et place.

Le moyen le plus sûr pour s'installer d'une manière convenable, c'est de consulter préalable-

(1) Grand hôtel à l'Est au milieu de beaux jardins. — Gonnet. — Beauséjour. — De France. — d'Angleterre. — Bellevue.

ment le médecin de la localité auquel vous confierez le soin de votre santé.

Les conseils que donne à ce sujet le docteur Buttura, sont trop conformes aux idées que je préconise, pour ne pas les recommander avec conviction.

1° Si vous voulez un air tonique, l'air vivifiant de la mer, pour tout ce qui est anémie, lymphatisme, faiblesse, scrofules choisissez votre résidence entre la route Impériale et la mer à l'Ouest, sur les quais ou sur le boulevard de l'*Impératrice*, sur cette ligne enfin qui partant de la *Bocca* va finir à la *Croisette*.

2° S'il y a excitation, irritation, enfoncez-vous dans les vallées, dans les *Vallergues*, vers le *Cannet*, les routes de *Valauris,* de la *comtesse d'Oxford*, de *Mont-Fleury*.

3° Voulez-vous un air un peu moins vif que sur la rive, un peu plus vif que dans les vallées, restez dans cet espace à l'Est de Cannes, petite plaine où se trouvent des villas nombreuses, des hôtels et des pensions.

4° Les résidences sur les penchants des collines, à mi-côte, bien abritées du Nord, sont excellentes, très-recherchées, car elles répondent à presque toutes les indications, selon leur voisinage ou leur éloignement de la mer.

Pour la vie matérielle l'on trouve toutes les ressources désirables : viandes de bonne qualité; mouton de premier choix; légumes et fruits délicieux; poisson rare mais excellent; vins du pays riches en alcool; bonne bière fabriquée sur place; eaux salubres et abondantes depuis l'achèvement du canal dérivé de la Siagne.

Dès le mois de mars l'on peut prendre des bains de mer.

Les bains de sable, employés empiriquement sur tout le littoral, offrent des ressources thérapeutiques incontestables, lorsqu'ils sont surveillés avec soin, et administrés avec précautions (sable fin que la mer pousse incessamment à la rive, chauffé par le soleil jusqu'à 60°, tout imprégné de l'odeur des plantes marines, et chargé de divers sels parmi lesquels domine le chlorure de sodium).

Le village du Cannet (1,800 habitants), situé sur une élévation circulaire, est protégé par les montagnes qui le dominent contre les vents du Nord et d'Ouest; il est entouré de bois de pins, de grands oliviers, de beaux orangers et de vigoureux grenadiers.

8.

« La vue, dit le docteur Buttura, y est véritablement splendide : un nid de fleurs et de verdure sous les pieds ; à droite et à gauche des collines boisées ; au fond Cannes, la mer infinie et les îles *Sainte-Marguerite* et *Saint-Honorat*. »

Il n'y a pas d'hôtels au Cannet, mais on y trouve quelques logements modestes.

La villa Sardou est habitée par notre très-distingué confrère le docteur Cavasse.

## HYÈRES

La ville d'Hyères est située sur la pointe la plus méridionale de la Provence, à 16 kilomètres de Toulon, et par chemin de fer, à deux heures de Marseille, à vingt-six heures de Paris.

En dix ans la population s'est accrue de 2,000 habitants.

La douceur du climat (température moyenne de l'hiver, 12° à l'ombre, et 26° au soleil) est en grande partie le résultat de circonstances toutes locales.

La ville s'étale en espalier au soleil, sur la pente de son immense rocher ; elle est abritée des vents froids du Nord par de hautes montagnes (*Fourches*, *Fenouillet*, *Coudon*), qui lui forment un véritable paravent, et la préservent du mistral (N.-N.-O). La chaîne des Maures la garantit contre les courants d'air froid qui descendent des sommités neigeuses des Alpes. D'autre part, les monts de la *Monière* et les collines de l'*Almanare* atténuent l'influence trop directe des brises de mer.

Denis, dans son remarquable volume *Promenades à Hyères;* Garcin, Duméril et Fareng dans d'intéressantes notices, fournissent les détails historiques et topographiques les plus circonstanciés sur la contrée.

Les témoignages sur l'influence bienfaisante du climat sont aussi nombreux qu'autorisés ; les docteurs Gensollen, Honnoraty, Bayle, Edw Lee, Laure, Martins, Clark, Carrière, Fodéré, Barth, parlent avec enthousiasme, de ce district privilégié, de cette serre chaude de la France.

Pour les uns, « Hyères est une ville dont le séjour durant l'hiver peut avoir une heureuse influence sur un grand nombre de maladies, et principalement sur les affections que le froid contribue à faire naître, à augmenter ou à entretenir. »

Pour les autres «Hyères n'est pas une cité populeuse, bruyante et animée, mais une ville paisible... Laissons aller à Nice les malades qui s'ennuient : Hyères sera préférée par ceux qui savent mettre leur santé au-dessus de leurs plaisirs. »

Pour tous le climat d'Hyères, chaud et modérément sec, est moins excitant que celui de Nice, moins relâchant que celui de Pau.

Parmi les notabilités qui habitent Hyères, d'une manière régulière sinon permanente, on peut citer la princesse de Galitzin, les ducs de Luynes et de Vicence, le baron de Prailly, MM. Des Michels et de Monnecove, le Dr Germain de Saint-Pierre, Madame Favart.

Les étrangers en s'adressant à la librairie *Hébrard*, sur la place des Palmiers, trouveront toutes les indications désirables pour s'installer dans des hôtels confortables, des villas bien emménagées, ou des appartements commodes.

Les habitations les plus recherchées sont situées dans les quartiers des *îles d'Or*, sur les places des *Palmiers* et de la *Rade*, et dans celui tout moderne de la rue *d'Orient* et du *boulevard Saint-Denis*. Grands hôtels des *Iles d'Or* et *d'Orient*, hôtels plus modestes des *Ambassadeurs d'Europe*, *de Paris*, des *Hespérides*, des *Iles d'Hyères*, des *Alpes Maritimes*.

Les vallées richement abritées de *Costebelle* et

de *Saint-Pierre des Horts* renferment des sites exceptionnels qui l'emportent sur Hyères par le calme de l'air, et la douceur des influences climatoriales ; dans les villas *Toche*, *Bonnet*, *Des Michels*, le palmier est plus florissant, la végétation plus luxuriante.

Voici comment Méry décrit la côte de l'Almanare : « Nous avons côtoyé un rivage sans égal au monde par sa grâce et sa beauté... Cette admirable promenade entre la mer et la forêt de chênes conduit à l'*Herculanum* provençal » quand il arrive aux ruines de *Pomponia*, notre poëte nous montre la plaine « jonchée tout autour avec une profusion incroyable de la neige des marguerites, et c'est ravissant de voir l'écume de la mer jouer avec ces charmantes fleurs. »

Citons en passant le joli village maritime de *Saint-Vincent de Carqueiranne* ; la plage sablonneuse du *Ceinturon*, si commode pour les bains de mer ; la *Pinède*, qu'une grande route reliera bientôt à l'Almanare; enfin à l'horizon le groupe des *Iles d'Hyères* (îles d'Or, *Insulæ Stœchades* des Romains), *Porquerolles*, *Port Cros*, *îles du Levant*, formant une vaste rade fermée au couchant par l'isthme de *Giens*.

A quelques kilomètres de la ville, dans la direction de l'Est, sont exploitées des prairies marécageuses et des marais salants, que le médecin hygiéniste doit chercher à faire disparaître.

Il importe, dans l'intérêt bien entendu du pays, de procéder petit à petit au desséchement des marais, en transformant les terrains inondés en terres cultivables sillonnées de routes et de canaux. Le canal d'irrigation *le Béal*, construit par le bon roi Réné de Provence, est une source de richesse pour la contrée.

Nous désirerions que la ville fût pourvue d'eaux plus abondantes, de promenades plus faciles et plus variées.

Il est aussi indispensable, de créer un point de réunion pour les conversations et les concerts.

La vie végétative et la vie matérielle s'écoulant à Hyères dans de bonnes conditions pour les malades, il serait sage et utile de se préoccuper davantage de la vie intellectuelle et morale !

## MENTON

*Itinéraire.*— De Paris à Menton 1,112 kilomètres (24 h. 30 m. en chemin de fer); de Milan à Menton, 425 kilomètres; de Nice à Menton, 32 kilomètres.

Menton est la dernière ville des Alpes Maritimes que l'on traverse avant d'entrer en Italie par le *Pont Saint-Louis*, majestueusement jeté au-dessus d'un profond et agreste ravin.

Sa population de 6,000 habitants se trouve doublée pendant la saison d'hiver.

La progression des familles étrangères qui viennent à cette époque séjourner dans ce pays est des plus significatives.

| | | |
|---|---|---|
| Saison de | 1855-56........... | 14 |
| — | 1865-66........... | 430 |
| — | 1873-74........... | 1,112 |

C'est principalement aux recherches médicales et aux efforts incessants de propagande des docteurs Bottini, Farina, Edwin Lee et J. H. Bennet qu'est due la prospérité de la station d'hiver.

Dans son dernier ouvrage (publié en anglais et en français), notre savant ami H. Bennet confirme les idées climatoriales préconisées dans ses conférences.

Bâtie sur le penchant d'une colline avec la mer au Sud-Est, les Alpes Maritimes au Nord, Menton domine à gauche la baie de Garavan, le quartier le plus abrité de la ville, dont la magnifique promenade est bordée d'une foule de villas et d'hôtels.

On aperçoit de tous côtés de superbes jardins de citronniers (1), qui reposent agréablement la vue et embaument l'air de leurs émanations parfumées: sous ce doux climat le citronnier demeure constamment chargé de fleurs et de fruits, tandis qu'en Sicile on ne recueille les citrons que pendant l'hiver.

Parmi les promenades les plus justement fréquentées citons :

1° La promenade du *Midi* qui s'étend sur le bord de la mer, de la rue du *Pont-de-Fosan*, au *Pont Borrigo;*

2° La belle avenue de platanes qui longe la rive droite du *Carëi* et s'enfonce au travers d'une vallée ravissante;

3° La route du *Cap Martin*, au milieu d'une véritable forêt de pins et d'oliviers séculaires.

Les touristes avides d'émotions jouiront, en gravissant les collines, de panoramas superbes et variés à l'infini. Collines de la *Madone* et du *Vieux*

(1) Ce petit territoire produit chaque année une trentaine de millions de fruits.

*Château ;* vals de *Castagnie* et de *Cabrol ;* la *Turbie ; Roquebrune* et *Eza ;* vallée de la *Nervia ; Vintimiglia* et *Bordighera.*

Le *cercle de l'Union* rivalise avec le *Casino* ou *cercle Philharmonique*, pour attirer des artistes en renom.

Le théâtre ouvre ses portes l'hiver, avec une troupe italienne. La pratique des différents cultes est à la portée de tous (églises catholiques, temples protestants, chapelles évangélique et grecque).

Des hôtels très-confortables, des villas parfaitement emménagées, des appartements nombreux et modestes, rendent très-facile l'installation des étrangers et des valétudinaires (1).

Ceux-ci, en arrivant, trouveront dans le grand bazar de M. *Amarante*, tous les renseignements désirables, toujours fournis avec la plus bienveillante cordialité.

Grâce à la position intermédiaire de la ville entre Nice et Gênes, les produits alimentaires abondent sur le marché, ainsi que les comestibles les plus renommés et les denrées coloniales les plus variées.

(1) Hôtels *Victoria*, du *Louvre*, de *France*, de la *Paix*, de *Bellevue*, *Grand-Hôtel*, *Splendide Hôtel*, Pensions des *étrangers* (*Camous*). Restaurant de la *Réserve*.

## MONACO

L'origine de la petite ville de Monaco remonte aux temps historiques les plus reculés : tour à tour colonie phénicienne, grecque et romaine, elle fut octroyée au dixième siècle, par le comte de Marseille, à titre de fief, à Gibellin Grimaldi. C'était pour le noble Génois la récompense des services rendus au seigneur et suzerain, dans ses luttes contre les pirates de la Méditerranée. « Ce pays, dit la légende, n'a besoin pour vivre ni de semer ni de récolter ; le monégasque se laisse vivre sans souci du lendemain. »

Par chemin de fer, Monaco est à une demi-heure de Nice, à 15 minutes de Menton. Rien de plus ravissant, par un temps calme et une journée de soleil, que la traversée d'une heure du *Port Limpia* au *Portus Herculis* ou *Monoïkos*.

Après avoir contourné le *Mont-Boron*, le bateau à vapeur passe devant le magnifique golfe de *Villefranche*, double le cap *Ferrat* surmonté de son beau phare, puis franchit successivement les petits promontoires, *Saint-Hospice*, *Roux*, *Mala*, *Aggio* et l'immense rocher qui semble descendre du mont *la Tête-de-Chien*, sur lequel est perchée la ville.

En face de vous, sur les flancs des collines, se détachent, gracieux et coquets, les villages de *Beaulieu*, *Eza* et *Saint-Laurent*.

Par la voie de terre, la voiture que vous prenez à Nice gravit paisiblement le *Mont-Gros*, suit la grande route de la *Corniche* jusqu'au delà de *Roquebrune*, près du *cap Martin*, puis rebrousse chemin, pour suivre la route du bord de la mer sur une longueur de 5 à 6 kilomètres.

Il est facile d'abréger considérablement le voyage en s'arrêtant à la *Turbie*, pour descendre directement à Monaco par l'espèce d'escalier qui serpente sur les flancs de la montagne.

De ce point la petite cité semble s'élever au centre d'une haie de verdure, avec le château seigneurial, et les ruelles qui viennent converger sur sa plate-forme.

Politique à part, et malgré toute déférence pour les droits de souveraineté de S. A. le Prince Charles III, nous avons de bonnes raisons pour classer Monaco parmi les stations françaises du littoral de la Méditerranée.

Les villas situées à *la Condamine* et aux *Spelugues* rivalisent par la douceur de la température, le calme de l'air et l'heureuse position topographique avec les villas les plus privilégiées de Cannes et de la campagne de Nice.

Le rocher sur lequel est assise la vieille ville forme, en s'avançant dans la mer du N.-O. au S.-E. l'un des bras du *port d'Hercule*, l'autre est formé par un second promontoire moins élevé, celui des *Spelugues*.

Dans cet espace, au fond du port et sur un développement de plus d'un kilomètre, apparaissent de riches campagnes qui occupent la plaine et les premières collines.

Parmi celles-ci se distingue celle de *la Condamine*, « vrai nid d'orangers, de citronniers et de violettes ».

Toutes les maisons de ce quartier sont nécessairement abritées contre les grands courants atmosphériques; et les bienfaisants rayons du soleil, en se répercutant sur les barrières naturelles d'arbres et de végétation, forment au centre un véritable foyer de chaleur douce et tempérée.

Le plateau des *Spelugues*, qui domine le promontoire de ce nom, avec ses vastes jardins et ses forêts d'oliviers, d'orangers et de citronniers, devait de bonne heure attirer l'attention des climatologistes.

La haute montagne, au pied de laquelle se trouve placé ce territoire, lui sert d'excellent abri contre les brises du Nord, et lui donne une température qui prouve suffisamment la précocité de toutes les productions végétales qu'on y cultive. Aussi de nombreuses villas s'y sont-elles élevées d'abord, à la grande satisfaction de la colonie étrangère ; mais bientôt une transformation complète, radicale, irrésistible, s'est opérée dans l'avenir de la principauté.

Grâce à l'association toujours féconde de l'intelligence et du capital, *Monte-Carlo*, la ville de plaisir, a détrôné les *Spelugues*, le paisible séjour des malades.

Les modestes chalets ont fait place à de magnifiques constructions : le *Casino* avec ses vastes salons de jeu, ses salles de concerts et de fêtes ; l'*Hôtel de Paris* avec ses appartements riches et confortables.

Du haut des terrasses fleuries du Casino, le touriste jouit d'un panorama toujours splendide et dont les teintes varient à chaque heure du jour ; à ses pieds le port et la plage, à droite la vieille ville sur son rocher, à gauche les rivages vers le cap Saint-Martin et le promontoire de Vintimille, devant soi l'infini de la mer.

Dans ses jardins, à la végétation toujours fraîche et luxuriante, s'est accumulé tout ce que la nature et l'art peuvent fournir d'arbustes rares, de plantes curieuses, de feuillages variés et de fleurs odorantes.

Monaco possède aussi l'heureux privilége d'offrir aux voyageurs, pendant la saison d'été, une agréable station de bains de mer.

Par l'influence salutaire des brises de terre et de mer qui s'établissent régulièrement et à heure fixe le matin et le soir, le quartier du *Port* et de *la Condamine* (1) jouit, pendant les grandes chaleurs, d'une température très-supportable; car le renouvellement incessant de l'atmosphère ambiante concourt puissamment à la rafraîchir.

Un vaste établissement de bains de mer, avec salles pour l'hydrothérapie, s'allonge sur cette belle plage au sable doux et fin ; les dernières marches de son perron baignent dans les eaux bleues de la Méditerranée, où semble se mirer sans cesse la splendide verdure des collines voisines.

(1) Hôtels des Bains; de Beaurivage.

## NICE

L'ancienne capitale du comté de Nice, aujourd'hui chef-lieu du département des Alpes-Maritimes, occupe une position charmante sur la plage de cette spacieuse baie de la Méditerranée, comprise entre le promontoire d'*Antibes* et la pointe de *Villefranche* (Mont-Boron).

Le golfe de Nice (*baie des Anges*), véritable lac dans les jours calmes, est borné au nord par la plage, le rocher du *Vieux-Château* et les *Alpes;* à l'ouest, par la côte d'*Antibes* et les montagnes de l'*Esterel;* au sud, par les arbres du *Jardin des Plantes*, qui interceptent la vue du côté de la haute mer.

En moins d'un demi-siècle, la population s'est élevée de 20,000 à 50,000 âmes.

On trouve les raisons de cette prospérité dans la situation topographique de la ville, la pureté de son ciel et la douceur de sa température ; la population fixe s'est augmentée avec le nombre toujours plus considérable des étrangers, venus des points les plus éloignés de l'Europe et de l'Amérique.

La valeur thérapeutique du climat de Nice a

donné et donne lieu à des controverses incessantes; d'une part, un enthousiasme exagéré ; de l'autre, une négation injuste.

Pour établir un jugement impartial et sérieux, il faut voir les faits de haut, dans leur ensemble, et pondérer leur valeur en dehors de toute préoccupation personnelle ou intéressée.

Pour Risso, « la ville de Nice est la plus abritée de toutes celles qui bordent au nord la Méditerranée; elle est défendue contre les vents de l'est à l'ouest par une triple ceinture de montagnes en ellipse, et contre le mistral (N.-N.-O.) par l'*Esterel* et le *Chayron.* »

Naudot, en parlant du calme habituel de l'air et de la sérénité du ciel, fait observer que, grâce au petit nombre d'orages, on n'y rencontre pas de graves perturbations du fluide électrique.

Roubandi regarde cette contrée comme une véritable *serre chaude.*

J'ai rappelé plus haut l'existence de quartiers situés sur les bords de la mer, exposés au midi, recevant le soleil depuis son lever jusqu'à son coucher; et des quartiers étagés sur les collines des environs abrités par des accidents de terrain, et par des remparts naturels d'arbres et de plantes contre les influences directes des brises maritimes.

Citons parmi les premiers :

La *Promenade des Anglais*, de l'embouchure du *Magnan* à celle du torrent du *Paillon ;*

Le *Quai Masséna*, avec sa plantation de palmiers et ses beaux et nombreux hôtels (*Grande-Bretagne, d'Angleterre, de France, Chauvain*) ;

Le *Boulevard du Midi*, sur la *route de France*, depuis le *Jardin public* jusqu'au quartier des *Beaumettes ;*

La *Terrasse* et sa salutaire promenade ;

Les *Ponchettes* dominés par les vents d'est, d'ouest et du sud. Lorsque ceux-ci soufflent avec violence, les vagues viennent se briser avec furie jusqu'aux pieds des rochers et des murailles qui défendent les quais ; il s'élève alors un brouillard léger, formé des molécules d'eau salée, arrivant en fine pulvérisation jusqu'aux premières maisons ;

Le quartier de *Limpia* ou du port ;

Le *Lazaret*, très-chaud, très-salubre, avec ses admirables points de vue.

A l'intérieur de la ville, l'on trouve des installations très-propices dans les faubourgs de *St-Pierre d'Arène*, de la *Croix-de-Marbre* et de *St-Jean-Baptiste*.

La campagne des environs de Nice est couverte d'une riche et perpétuelle végétation : sa flore infiniment variée est composée de plantes indigènes et exotiques de toutes les latitudes.

Les espèces qu'elle comprend sont étagées par zones, commençant aux rivages de la mer pour finir aux sommets neigeux des *Monts Ciménéens*.

On passe par d'insensibles gradations des espèces végétales propres aux plages de l'Orient à la végétation des neiges éternelles.

Tout est réuni dans cet heureux pays pour impressionner doucement le moral des malades, dit Alphonse Karr (*Guêpes*, 1859), « la chaleur féconde du soleil, la mer immense, les beaux arbres, les prairies, les fleuves rapides, les ruisseaux fleuris et murmurants, la voix de la brise et de l'eau, le parfum des fleurs et des feuillages, le ciel profond et limpide, les splendeurs colorées du matin et du soir, tout vous remplit l'âme d'une ivresse sereine. »

Les collines privilégiées de *Cimiès*, de *Carabacel*, de *Riquiès*, du *Ray*, de *St-Barthélemy*, de *St-André*, sont couvertes de villas, les unes plus jolies et mieux situées que les autres.

Comme il serait urgent, au point de vue hygiénique, de faire disparaître les hautes murailles qui enserrent toutes ces gracieuses propriétés, et au milieu desquelles tourbillonnent des flots de poussière toujours incommodes et nuisibles aux poitrines délicates !

Comme il serait facile de les remplacer par de petits murs à hauteur d'un mètre, surmontés de grilles en bois, ou de haies vives se multipliant avec une rapidité prodigieuse !

Dans le choix des promenades journalières, il faudra tenir compte avant tout de la direction des vents.

Quand souffle le vent du nord (d'ailleurs le plus rare), il faut choisir le *Cours*, la *Terrasse*, le *Boulevard du Midi*, la *Promenade des Anglais*, la *Route de St-Barthélemy*, celle du *Lazaret*.

Pendant le règne des vents d'est et d'ouest, prenez les chemins de *St-Philippe*, de *St-Étienne* ou, selon l'inspiration, tout autre de ceux qui traversent, du nord au sud, la plaine qui s'étend depuis la *route de France* jusqu'à *St-Barthélemy*, sans oublier les petites vallées si agréables du terroir de *Cimiès*.

L'on trouve dans la station hivernale de Nice

toutes les ressources désirables pour la vie matérielle, artistique et intellectuelle, avec la série complète de leurs diverses gradations ou nuances, selon les degrés d'aisance ou de fortune (1).

L'institution tutélaire d'une *Union syndicale* (à l'instar de celle de Pau), si utile à la colonie étrangère, nous paraît indispensable pour la prospérité toujours croissante de la contrée.

Parmi les nombreux ouvrages publiés sur la station hivernale de Nice, nous donnerons une mention toute spéciale aux intéressants travaux des docteurs Macario et Lubanski. Dans une brochure de quelques pages, le docteur Camous donne aux malades qui passent l'hiver à Nice une série de *conseils* très-simples, très-pratiques, très-vrais :

— Ne pas arriver à Nice dans la dernière période de la maladie.

— Ne pas précipiter la marche du mal par les épreuves fatigantes de voyages de 3 et 400 lieues.

— Ne pas trop s'isoler des soins affectueux de la famille et de l'amitié. « Quelque riantes que soient

(1) Voir le *Guide* d'Élisée Reclus.

ces contrées, la solitude du cœur vous en ferait un désert.»

— Ne pas s'imaginer de trouver un printemps éternel.

— Couvrez-vous, et supportez plutôt le chaud, dont vous n'avez rien à craindre pendant la saison d'hiver, que de vous exposer à être surpris par le froid.

— Servez-vous de flanelle et de manteaux ; ainsi font les indigènes, qui en connaissent par expérience l'utilité.

## PAU

L'achèvement du réseau des lignes des chemins de fer du Midi a mis la ville de Pau en communication directe avec Paris par Bordeaux (18 heures), Bayonne, Toulouse et Marseille.

Pau, qui ne comptait que 58 feux lorsque Gaston Phébus, de la maison de Foix, fut appelé à gouverner le Béarn (1383), avait au commencement du siècle 9,000 habitants : aujourd'hui la population dépasse le chiffre de 30,000.

L'Union syndicale de la ville de Pau a puissamment contribué depuis quinze ans à ce développpement inespéré de la station d'hiver par son programme tutélaire :

1° Faire collectivement ce qu'individuellement l'on ne pourrait pas faire avec succès.

2° Étudier toutes les questions qui se rattachent au séjour des étrangers.

3° Donner *gratuitement* à ses hôtes tous les renseignements qui les intéressent à un titre quelconque.

Le chapitre de son *Guide de l'étranger*, consacré à l'influence curative du climat de Pau, renferme, avec une notice intéressante du docteur Lahilonne, la lettre célèbre que le docteur Louis adressait en 1854 à sir Taylor, l'auteur d'un ouvrage remarquable, dont la première édition remonte à une trentaine d'années.

Voici comment notre savant confrère de Paris résumait son opinion :

« Si j'avais un avis à donner à une personne qui devrait éviter un hiver très-rigoureux, je l'engagerais à se diriger sur Pau, où l'on trouve, avec une température douce, une atmosphère calme ou rarement agitée par le vent, dépourvue d'humidité libre, de magnifiques promenades, toutes les ressources dont la classe riche est habituée à disposer, et aussi des médecins très-dignes d'inspirer une entière confiance (1). »

Le château de Pau, place forte d'une assiette solide pendant le moyen âge, est de nos jours un monument des plus pittoresques. Du haut du donjon (tour de Gaston Phébus) l'on jouit d'un spectacle magnifique.

A l'intérieur, avec les souvenirs de la Marguerite des Marguerite et de Catherine de Navarre, l'on retrouve l'oratoire de Jeanne d'Albret et la carapace de tortue qui a servi de berceau à Henri IV. Pau est aussi la patrie de ce soldat heureux qui devint roi de Suède (Bernadotte).

Les eaux du *Néez*, détournées à leur source et amenées d'une distance de 20 kilomètres, assurent à la ville une alimentation hydraulique abondante et salubre.

Bibliothèque (20,000 volumes); et Musée dans l'ancienne salle du Parlement de Navarre (gracieuse statue du jeune Henri, par Bosio); — Lycée et Sociétés des sciences et lettres; — Théâtre (opéra-italien), Salle de concert et Société des

(1) Docteurs Daran — Tarras — Manes — Lahilonne. — Boutilhe — Duboué — Auzouy. — Pomier — Meunier, etc.

amis des arts; Hippodrome (courses et steeplé-chases) et chasse au renard.

Cercles (de l'Union, — Béarnais, — des Anglais).

Il existe à Pau des églises et chapelles pour tous les cultes.

Paroisses de Saint-Martin et de Saint-Jacques; temples pour les églises française réformée, anglicane, presbytérienne, évangélique et grecque.

Promenades à pied : — la *place Royale*, rendez-vous du *High-Life* avec sa *petite Provence ;* — le boulevard du *Midi*, abrité du nord, exposé en plein soleil ; — le *Parc*, avec ses arbres séculaires d'une végétation admirable et sa source ferrugineuse ; — les allées de *Morlaas* ; — le jardin *Rippert* (Porte-Neuve), réunion de fleurs d'arbres et de plantes la plus riche ; — le *Bois Louis*, aux belles eaux et aux frais ombrages ; — la plaine de *Billière*, point de réunion de la société anglaise pour ses jeux favoris, le golf, le cricket, le tir à l'arc ; — la *Haute Plante*.

Les hôtels de Pau sont en général parfaitement installés : l'hôtel *Gassion* (boulevard du Midi), le plus grand établissement de ce genre ; l'hôtel de *France* (Gardère) ; l'hôtel de *la Poste* (Borde) ;

l'hôtel de l'*Europe;* l'hôtel *Beauséjour*. On y trouve 600 appartements garnis, des maisons de campagne, et des villas bien emménagées pour location.

La station d'hiver commence en septembre et octobre pour finir en juin.

Comme promenades en voiture (1), nous conseillons de préférence :

1° Celle de *Pau* à *Gan*, sur la route d'Oloron; promenade favorite des malades; parcours délicieux, abrité des vents d'ouest par la chaîne des coteaux, semé de jolies habitations.

2° La promenade pittoresque à la chapelle de *Piétat*.

3° Les excursions à *Nay;* à *Couraze* (ancienne baronnie du Béarn; à *Lescar* (à 7 kil.), célèbre par sa basilique romane du sixième siècle (le Saint-Denis des souverains du Béarn); à *Bétharram*, « étoile des Pyrénées; sa chapelle et son calvaire connus, aimés et fréquentés des habitants du Béarn, du pays basque, de la Bigorre, de la Gascogne et du Languedoc. »

Les promenades à cheval, sur les coteaux de

(1) Voitures de place stationnant sur des points fixes.

Jurançon et à travers les sinuosités du Gave, sont aussi nombreuses que variées et agréables.

Trois marchés par semaine ; un assortiment complet de denrées coloniales, des maisons de comestibles largement approvisionnées, répondent à toutes les exigences de la vie matérielle.

L'un des plus grands avantages de la station d'hiver de Pau, c'est celui de permettre aux divers valétudinaires de se rendre directement aux sources thermales des Basses-Pyrénées :

1° Les *Eaux-Bonnes* (sulfuro-sodiques), illustrées par les Bordeu, et souveraines pour les affections de la poitrine.

2° Les *Eaux-Chaudes* (ce séjour privilégié de la cour de Navarre) recherchées par les rhumatisants.

3° Les *Eaux de Salies* de Béarn (chlorurées-sodiques), pour combattre la scrofule et le lymphatisme sous toutes leurs formes.

4° Les *Eaux de Cambo* sur la Nive (source ferrugineuse et source sulfureuse), précieuses dans l'anémie et la chlorose.

5° Les *Eaux de Saint-Boès*, à 6 kilomètres d'Orthez. La source sort directement de la roche calcaire à la température de 12°, limpide, fortement sulfureuse et toujours recouverte d'une couche d'huile de naphte.

Les intéressants travaux du docteur Garrigou démontrent l'importance thérapeutique de ces eaux uniques en leur genre dans certaines modalités des affections pulmonaires.



FIN

# TABLE DES MATIÈRES

## Conférence du 28 janvier 1874.

## Conférence du 18 mars 1874.



## APPENDICE

### RENSEIGNEMENTS, CONSEILS AUX VALÉTUDINAIRES.

FIN DE LA TABLE DES MATIÈRES

Corbeil, typ. et stér. de Crété fils.

## EN VENTE A LA MÊME LIBRAIRIE

**LES PYRÉNÉES**, par AD. JOANNE ; 3e édition. 1 vol in-18 jésus de 700 pages, avec 7 cartes, 1 plan et 10 panoramas, cartonné. 12 fr.

— *Le même ouvrage* abrégé. 1 vol. in-32, avec 6 cartes, cartonné.................................................... 3 fr.

**BIARRITZ** et autour de Biarritz, par GERMOND DE LAVIGNE ; 3e édition. 1 vol. in-32, avec 6 gravures et 1 carte, cartonné...... 2 fr. 50

**LES VILLES D'HIVER DE LA MÉDITERRANÉE ET LES ALPES MARITIMES** (Hyères, Cannes, Nice, Monaco, Menton, San-Remo), par ÉLISÉE RECLUS. 1 vol. in-18 jésus, avec 38 gravures, 4 cartes et 1 plan, cartonné.................................... 7 fr.

**NICE, CANNES, MENTON, SAN-REMO**, par le même auteur. 1 vol. in-32, avec 30 gravures et 3 cartes, cartonné......... 2 fr. 50

**HYÈRES ET TOULON**, par le même auteur. 1 vol. in-32, avec 14 gravures et 1 carte, cartonné............................ 2 fr. 50

**MARSEILLE** et ses environs, par ALFRED SAUREL. 1 vol. in-32, avec 28 gravures, 1 carte et 2 plans, cartonné................ 3 fr.

**BORDEAUX, ARCACHON, ROYAN**, par AD. JOANNE. 1 vol. in-32, avec 20 gravures et 3 cartes, cartonné.................. 2 fr. 50

**PAU, EAUX-BONNES, EAUX-CHAUDES** : bains, séjour, excursions ; 3e édition. 1 vol. in-18 jésus, avec 56 gravures, broché... 2 fr.

**DE BORDEAUX A TOULOUSE**, à Cette et à Perpignan, par AD. JOANNE ; 3e édition. 1 vol. in-18 jésus, avec 32 gravures, 1 carte et 1 plan, cartonné............................ .. ...... 4 fr. 50

**DE BORDEAUX A BAYONNE**, à Biarritz, à Arcachon, à Saint-Sébastien, à Mont-de-Marsan et à Pau, par AD. JOANNE ; 2e édition. 1 vol. in-18 jésus, avec 18 gravures et 1 carte, cartonné. 3 fr. 50

**DE PARIS A LA MÉDITERRANÉE**, comprenant de Paris à Lyon, par AD. JOANNE, et de Lyon à la Méditerranée, par AD. JOANNE et J. FERRAND. 1 vol. in-18 jésus, avec 262 gravures, 4 cartes et 6 plans, cartonné............................................ 9 fr.

**ITINÉRAIRE HISTORIQUE ET DESCRIPTIF DE L'ALGÉRIE, TUNIS ET TANGER**, par L. PIESSE ; 2e édition. 1 vol. in-18 jésus de 720 pages, avec 6 cartes, cartonné................................ 12 fr.

CORBEIL, typ. et stér. de CRÉTÉ FILS.

www.ingramcontent.com/pod-product-compliance
Ingram Content Group UK Ltd.
Pitfield, Milton Keynes, MK11 3LW, UK
UKHW020329230726
13925UKWH00002B/697